物に囲まれて
すっきり暮らす

景色を変える片づけ

幸せ住空間セラピスト　古堅純子

大和書房

CASE
(1)

収納ケースだらけのリビングダイニング
景色を変えるだけで豊かな暮らしに

一戸建て・5人家族（祖母＋40代夫婦共働き＋子ども2人）

リビングに置かれた収納ケースに息子の服が。リビングで干した洗濯物をすぐ収納できる動線はよいものの乱雑な印象に。個室のないママと息子の物がリビングにあふれていました。

Before
1F
リビング
ダイニング

Before
2F
パパ部屋

親子３人で寝ているパパ部屋。ふた付き収納ケースがスペースを圧迫していました。また、壁際に並んだ棚にはたくさんの本が並び、雑然として見えます。

YouTube『週末ビフォーアフター』

第72話 第73話 第74話 第75話 第76話

ママと息子の私物を2階に寄せただけで、素敵な家具が映えるリビングに！

After
2F
寝室＆書斎

夫婦の寝室兼書斎にしてすっきりと。空間を棚で分け、手前はふとんを敷いて寝るスペースに。

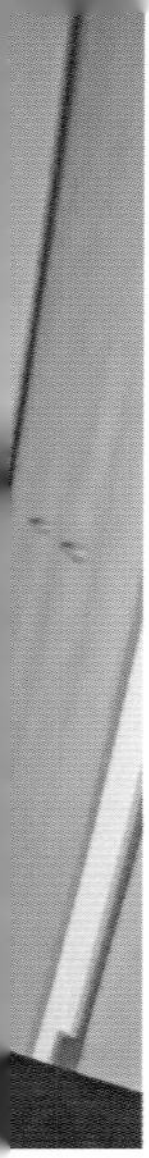

システムをつくれば、
二度と散らからない家に

2F

一回 寄せる

リビングダイニングを更地にするために、あふれていた物を2階に。子ども部屋にする予定の部屋にいったん寄せます。

2F

秩序《ちつじょ》をつくって さらに寄せる

物の整理に時間がかかるため、寄せた物を秩序をつくって寄せておきます。手前には寝るスペースをつくり、奥は物のスペースに。

子ども部屋の
景色を変える

さらに、部屋を広々と使えるように、ふだん使わない「動かない物」はクローゼットに「埋める」。学習机は壁際に配置して中央は更地に。

デッドゾーンに
埋める

パパ部屋

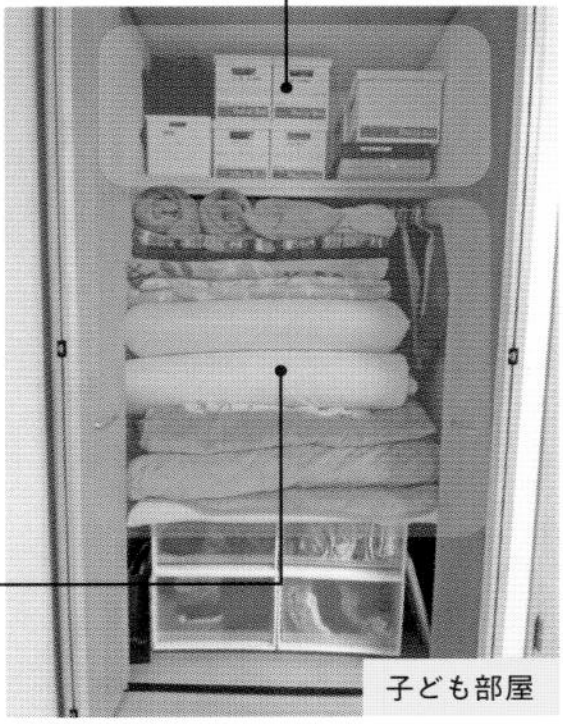

子ども部屋

着る頻度の高い洋服、毎日使うふとん類は、出し入れしやすいゴールデンゾーンに。季節物や思い出の品など使う頻度の低い物は高い場所や奥に置いて「埋める」収納を。

ゴールデンゾーンで
物を動かす

CASE (2)

父が亡くなって片づかなくなった実家 なくていい物を埋めて理想の景色に

一戸建て5LDK・ひとり暮らし（70代女性）

Before

1F ダイニング

物が捨てられず、もらった物や空きびんも大切にしている母。「カフェ風」のダイニングにして、友だちを呼びたいと言うものの……。

Before

1F サンルーム

リビングの先には、広々とした庭を眺められる素敵なサンルーム。洗濯物の干し場所、物の置き場所になり、うまく使えていません。

YouTube『週末ビフォーアフター』

第121話

第122話

After

1F

ダイニング

プラスチックの収納ケースを排除し、たくさんあった天然素材の籐のカゴを並べてかわいい空間に。

After

1F

サンルーム

友だちを誘ってお茶をする、広々とした空間が完成。リビングにあった机を移動して作業スペースにも。

CASE
(3)

寝床が毎日変わる家
部屋の境界線を変え、空間を有効利用

マンション2LDK・ひとり暮らし（40代女性）

自宅を料理サロンにしているため、リビングはきれいに保っているものの、リビング続きの部屋がうまく使いきれず、動線が悪いのが悩み。

Before
リビング

Before
物置部屋

物が多くクローゼットと化した部屋。そのため寝室がなく、ふとんを持って毎日寝る場所を探して睡眠をとる日々……。この部屋にあった大きな収納家具は、リビング続きの部屋に移動。

YouTube『週末ビフォーアフター』

第113話　第114話　第115話

After

リビング

大きな収納家具をクローゼットと向かい合わせにしてバックヤードをつくり（P.130参照）、家具の背にソファーをつけて空間を活用。

After

寝室

物置部屋にあった物はバックヤードに移動して更地に。念願だったベッドを購入し、寝室にも「埋める」場所ができました。

ベッド下の収納に

埋める

RULE

(1)

収納ケース・家具は使い方次第

〝モロ出し収納〟が景色を壊す一番の要因

収納ケースは適材適所に

Before

和室

部屋の家具にプラスチックの収納ケースを使うと、その周囲が物だまりになりやすく、景色も壊れてしまいます。

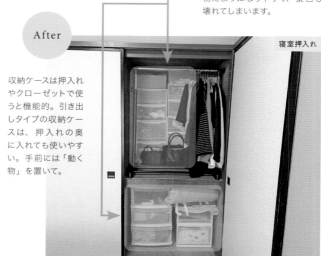

After

寝室押入れ

収納ケースは押入れやクローゼットで使うと機能的。引き出しタイプの収納ケースは、押入れの奥に入れても使いやすい。手前には「動く物」を置いて。

カラーボックスは見せる家具にしない

Before

寝室兼遊び場の和室には、子どもたちが読む本や漫画本のほか、書類などがカラーボックスに収まっていて雑然とした印象に。

After

カラーボックスは物置部屋に移動させ、収納として利用。和室にはシンプルな棚ひとつを置き、すっきりした景色が完成。

リビングダイニングには、天井までの高さの“トーテムポール”のような収納家具が3つそびえ立ち、圧迫感のある空間に。

Before

扉のない収納家具はモロ出し収納になりがち

高さのある家具がなくなるだけで広々。収納家具は部屋の間仕切りとして使い、クローゼットと趣味スペースの２つの空間に分けました。

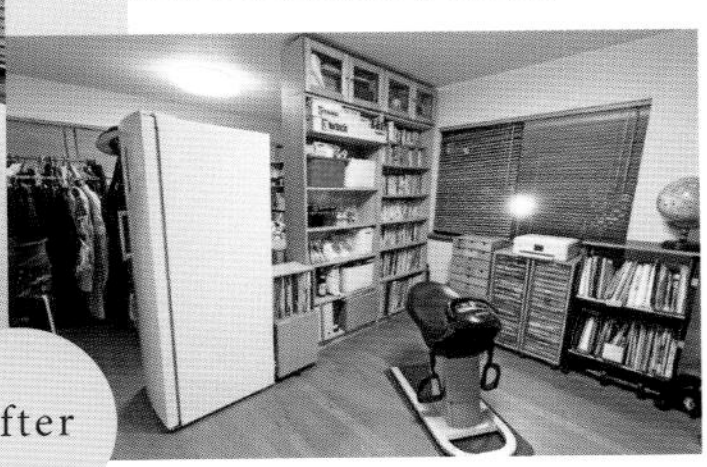

After

RULE
(2)

「好きな物」こそ置き場所が重要 何に囲まれたいのか、コンセプトを考える

夫婦の寝室だった部屋を、韓流が大好きなママの部屋に。
パパは、嫁いで空き部屋となっていた娘の部屋に移動。

大好きな韓流《はんりゅう》グッズに囲まれる

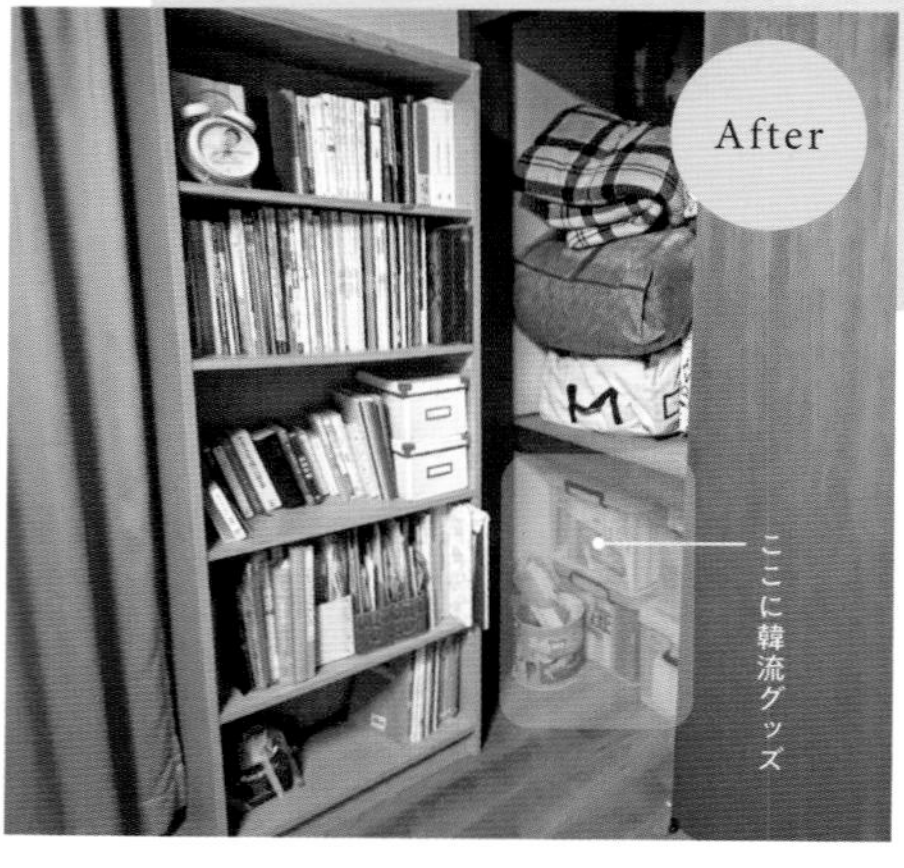

大量にあった韓流グッズは、収納スペースの「あまり動かない場所」に埋めました。「持っているだけで満足」できる物はふた付きの収納に入れてもOK。

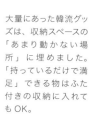

ここにワインセラー

ワインが合う空間に

物置部屋にしていた部屋の奥のほうに、ワインセラーを発見。よく見ればワインボトルがたくさんあり、ワイン好きな様子。

埋もれていたワインセラーをリビングに移動。ダイニングには、ワインを並べるスペースもつくり、眺めながら飲める空間に。一緒に埋もれていたピアノもリビングへ。

推しの芸能人のグッズを飾りたい

リビングのあちこちに、奥様が大好きな芸能人のグッズをたくさん飾っていました。一方、個室をうまく使いこなせていない様子。

共有スペースでなければ、個人の好みを全面に出して、持ち主が心から満たされる部屋にすればいいというのが古堅式の考え。

RULE (3)

掘って物を出し、掘って物を埋める「動かない物」を僻《へき》地《ち》やデッドゾーンへ

家族のアルバムを埋める場所

収納の天袋の手の届かない場所に、家族のアルバムがたくさん埋まっていました。このままにしておくと一生出てこない状況。

キッチンの奥にあった食器棚を1mほど前に出し、裏側にデッドゾーンをつくって「埋める」場所にしました。カラーボックスを2つ重ね、そこにアルバムを収納。

Before

和室押入れ

和室の押入れの下段の奥に、七段飾りのひな人形がおさまった大きなダンボールが２箱。よく使う場所なだけに、季節物は別の場所に埋めたい。

掘ったら出てきたひな人形

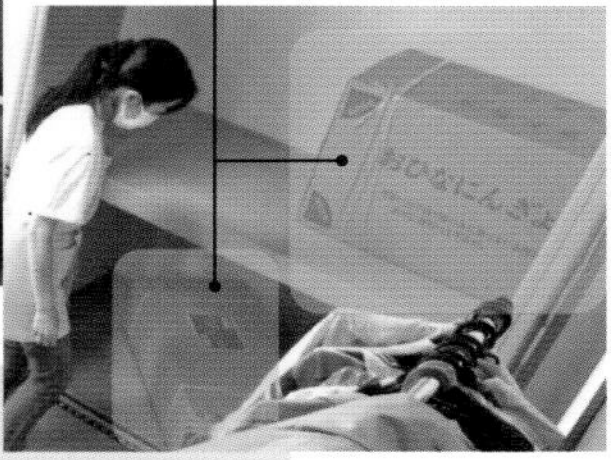

七段のひな人形を埋める場所

奥行きのある
階段下収納の奥に
ひな人形を埋め直した

階段下収納

和室押入れ

After

和室に人が泊まれるように、押入れ下段にふとんを収納。押入れの上段のゴールデンゾーンには、よく使う物を配置。

押入れは8分割で活用する

引き戸のついた押入れは「物を隠す場所」になりがちですが、それこそが片づかない大きな要因でもあります。押入れは「上段」「下段」、さらに「手前」「奥」、「左」「右」の8分割にして物の配置を決めると効率がいいです。入り口側の上段には「動く物」を置いたり、「バッファゾーン」(P.183参照)として作業スペースにしたり。部屋の奥側の下段の奥には「動かない物」を置くといいでしょう。

1と3の手前のスペース

手前のスペースには物を置かず、作業台にすることで稼働率がぐんと上がります。「奥の資料を出して読む」「ちょっとした書き物をする」スペースとして活用すると便利です。

2と4の奥のスペース

上段の奥のスペースには、スタメンを。特に引き戸を開けやすい側の左からよく使う物を置きます。この図の場合、和室の入り口に近い左スペース上段の「2」の場所に一番使う物を配置。

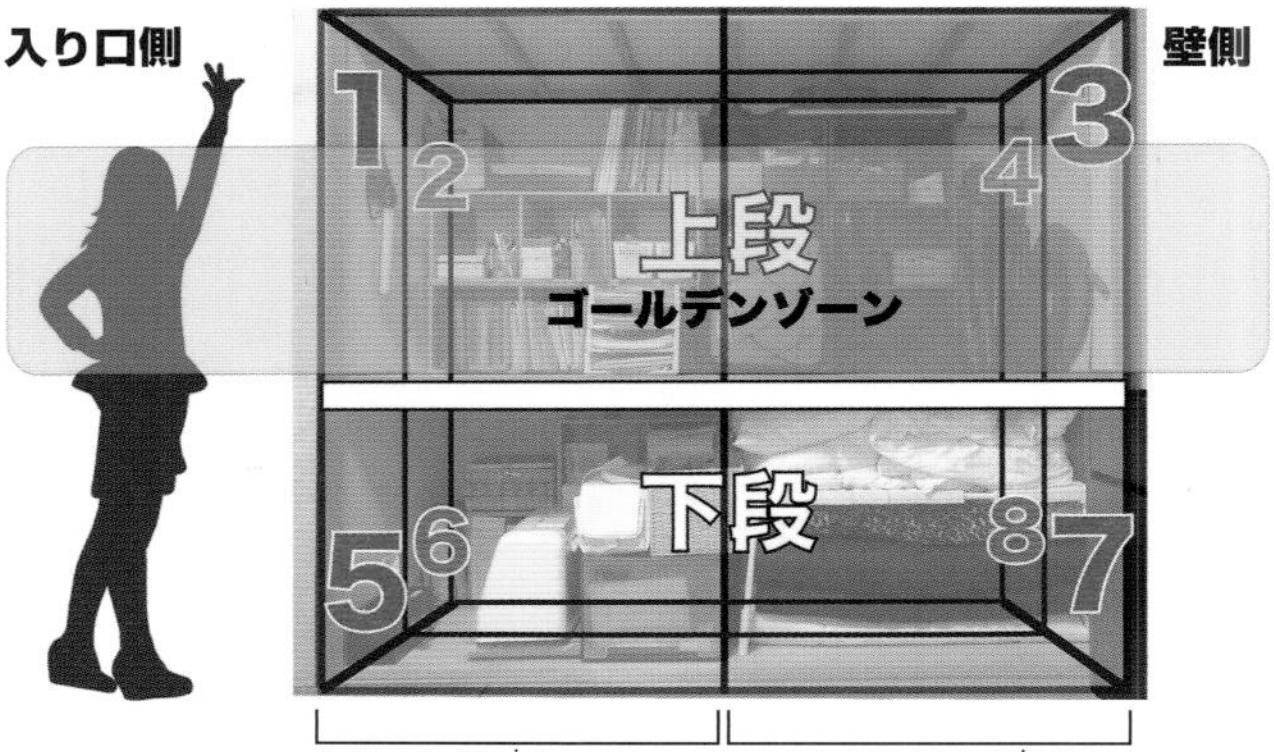

左スペース

たとえば、和室を使う頻度が多いのがママであれば、「5」の手前のスペースに「家事」で使うミシンや裁縫道具を収納。座ってやる作業が多ければ出し入れもしやすい。奥の「6」のスペースには、「あまり動かない」アルバムや思い出の品を置いても。

右スペース

右スペースが部屋の奥側になる場合は、特に下段はデッドスペースになりやすいので、来客用のふとんの置き場所にすると便利。上段は、たとえば和室を使う頻度の低いパパの物を置く場所にし、その範囲から出さないようにしてもらうと散らかりません。

はじめに

私はこの本を「物を捨てられない人」のために書きました。物を捨てれば、家の中は片づく。そんなことは誰でもわかります。

でも、捨てられない。手放せない。家族が物をため込んでしまう。事情はいろいろありますが、生きていれば生きている年月分だけ、物はたまってしまいます。だから、みんな悩んでいる。

だったら捨てなくていい。

これが私の結論です。

私はこれまで、20年以上にわたって5000軒以上のお宅を訪問してきました。その多くが、物を捨てられずに困っているお宅でした。

なかには、何年にもわたって物を整理し、仕分けし、時には身を切るような思いをして物を処分し、収納してきても、まだ家が片づかない方もいました。

頑張って片づけてきた彼女たち、彼らたちの努力に頭が下がる思いです。

だから、私は声を大にして言わせていただきたいのです。


片づけられないあなたが悪いのではない。

片づけ方を変えればいいのです。


物を捨てなくても片づきます。

捨てられなくても、片づいた空間で暮らせます。

その実例をユーチューブ『週末ビフォーアフター』で紹介しています。物だらけの家を、無理に捨てさせることなく、もちろん新たに収納家具など買い足してもらわなくても劇的に変身させていますので、興味のある方はぜひご覧になってください。

とにかく、この本を手にとっていただいたあなたは、もう「捨てなくては片づかない」という強迫観念から自由になれます。よかったですね。

そのためには、今までの片づけの常識や思い込みを捨て、これまでやっていた片づけではない新しい片づけを目指していただきたいのです。

この本では、物を捨てなくても、快適な部屋をつくる片づけ方をお教えします。いずれも20年以上現場に立ち続けた私の実践から生み出されたものです。


本文に入る前に、簡単に内容をかいつまんでお教えします。

本文を読むのが面倒くさい方は、これを読むだけでも十分かもしれません。

もちろん中身を読んでいただければ、もっと理解が深まります。ですが、私としてはまず何より片づけの常識を変えてほしい。「捨てる」から始めなくてもいい片づけのやり方があることを、まず最初に知っていただきたいのです。

その方法とはこうです。

物を寄せる → 寄せた物を埋める

たったこれだけ。これが捨てない片づけの極意です。

「埋める」という聞き慣れない言葉が出てきましたが、これは収納の中や物置スペースなど､見えない場所に移動させるという意味です。視界から消す。だから「埋める」です。

よけいな物を寄せて、埋めればいい。これが「捨てない片づけ」の大原則だと思ってください。片づけが面倒くさい人、片づけても片づけても終わらない人、すぐに結果を出したい人は、「寄せて埋める」を実践するだけでも、状況が劇的に変わるのは間違いありません。

といっても、これだけでは抽象的ですし、何をやればいいのか具体的にはわかりませんよね。リバウンドさせないための仕組みづくりも必要です。そこで、この方程式をもう少し具体的にして肉づけさせたものがこうなります。

①部屋のコンセプトを決める→②物を寄せて更地にする→③景色を変える→④仕組みを考えて収納する（動く物）→⑤寄せた物を埋める（動かない物）

「？」な言葉もあると思いますので、最初から説明していきましょう。

①部屋のコンセプトを決める

まず「部屋のコンセプト」を決める、です。これは「どんな暮らしをしたいのか」「この部屋で何をしたいのか」ビジョンをはっきりさせるということです。

「片づけたいんです」「部屋をきれいにしたいんです」というのはビジョンではありません。片づけたあと、どんな暮らしがしたいのか。きれいになった部屋でどんなことがしたいのか、そこが明確でないと、実はリバウンドしやすいのです。

ダイエットと同じです。ただ漠然と「やせたい」ではすぐリバウンドしてしまいます。「あのドレスを着るためにあと3キロ体重を落とす」とか「血圧を１２０台まで落として健康になりたいから10キロやせる」など、どうなりたいのか具体的な目標があったほうが、ダイエットは成功します。

どんな暮らしをしたいのか、まずは部屋のコンセプトを決めましょう。

②物を寄せて更地にする

とはいっても、長らく物に埋もれて生活してきた人は、その状況に慣れてしまって、もはやどんな暮らしをしたいのか、思い浮かばない人もいます。

「あなたはどうしたいの？」と聞いても、なかなかはっきりした答えがない。そういう人でも大丈夫です。ビジョンが思い浮かばない場合でも、とりあえず物をどこかに寄せてください。

そして、部屋を「更地」にするのです。「更地」というのも聞き慣れない言葉ですが、要するに物のない状態にするということです。

私が片づけに行くお宅では、多くの場合、対象となる部屋を、文字通りまったく物のないまっさらの状態にしてから作業をスタートします。物がなくなって、床が見える。まっさらな「更地」の状態になると、部屋の「景色」が変わります。

③景色を変える

実はこの「景色」がとても重要です。「景色」が変わると、不思議なことが起こります。人の心が動くのです。物だらけの部屋から物がなくなってすっきりし、「更地」の「景色」が現れると、とたんに夢が広がり始めます。

みなさんは引っ越しや新しい家を選ぶときの内覧で、何もない部屋を見たことがあるでしょう。そのとき、ワクワクした気持ちになりませんでしたか。「この部屋をこうしよう」「本当はこんな部屋にしたかったんだ」。今まで忘れていたり、あきらめていた理想の部屋や暮らしへの思いが湧き上がってくるのです。

私の経験からしても、100人いたら100人が例外なく「更地」の「景色」に感動し、喜び、前向きになります。

心が動くと、行動が変わります。行動が変われば、暮らしも変わります。暮らしが変われば、人生も変わる。

たかが片づけですが、されど片づけ。それくらい影響は計り知れません。そのきっかけになるのが「更地」であり、「景色」が変わることです。

古堅式のポイントは、物を寄せること。覚えていますね。その目的は「更地」をつくり、「景色」を変えることだったのです。

④仕組みを考えて収納する

「更地」をつくり、「景色」が変わったら、そこにどんな新しい「景色」をつくり出すのかを考えてみましょう。ゼロから発想するのです。

ここで最初の「部屋のコンセプト」が必要になります。「こんな部屋にしたい」「こんな用途に使いたい」というビジョンにもとづき、部屋に置く物やレイアウトを考えます。

最初にコンセプトがなくても、「景色」が変わった段階で、「この部屋はこうしたい」と決めてもけっこうです。そのコンセプトにもとづいて、必要な物を配置していきます。

ここで初めて一般的な整理収納のノウハウやアイデアを参考にすることができます。今まで集めた整理収納の本がようやく役に立つときがくるでしょう。動線を考えた物の配置や、使う頻度の高い物を置く「ゴールデンゾーン」（頭から腰までの範囲のこと）の設定など、機能的な仕組みづくりを考えます。

使いやすい収納を考えるのも、大きくいうと「仕組みを考える」の範疇《はんちゅう》に入ります。景色を損なわない仕組みをつくり、出し入れしやすいよう収納していきます。

⑤寄せた物を埋める

ところで、みなさんのなかには、ずっと疑問を抱いている方がいらっしゃると思います。それは「寄せた物」はどうするのか、ということです。

「寄せた物」は視界から消す、つまり「埋める」と言いましたが、「その場所がないから片づかないんじゃないか」「埋める場所があるくらいなら、最初から散らかっていないだろ」とツッコミを入れる方もたくさんいるでしょう。

まさにその通り。物を寄せたら、寄せた物を置く場所が必要です。場所を確保するにはいくつか方法があります。

・物置部屋をひとつつくる

割り切って、ひと部屋、物置部屋にするのが一番簡単な方法です。

・収納の中に入れる

物だらけの家も、収納の中は意外にスカスカだったり、余裕があることがあります。その場合は収納の中に埋めます。

・収納がパンパンだったら掘る

収納がパンパンで入らないときは、少し面倒ですが、収納の中の物を出して整理します。これを私は「掘る」と言っています。たいていは少し掘ればスペースがあきます。そこに埋めていきます。

・その他

それでも入らないときは家具の後ろにすき間をつくって埋めたり、白い箱に詰めて積み上げることもあります。

ざっくりと古堅式「捨てない片づけ」のノウハウをご紹介しました。初心者の方は、寄せて更地をつくるまで頑張っていただければと思います。

寄せた物の行く末はあとで考えるとして、とにかく更地までこぎつける。そうすれば何かが動き出します。ひと部屋を更地にするのが無理なら、局地的でもかまいません。

せめてテーブルの上だけは更地にするとか、ソファーの上だけは物を置かないとか。更地がひとつできると、見えてくる景色が変わります。景色が変われば、心が動きます。そこからすべてがスタートします。新しい生活が始まるきっかけがつかめるのです。

さあ、好きな物に囲まれてすっきりとした暮らしの一歩を踏み出しましょう。

幸せ住空間セラピスト　古堅純子

CONTENTS

CHAPTER 1

なぜ、あなたの家は片づかないのか

CHAPTER 2

どんな暮らしがしたいのか、コンセプトを決める

CHAPTER 3

物を寄せて更地をつくり、がらりと景色を変える

CHAPTER 4

掘って、埋めて、散らからない部屋をつくる

CHAPTER 5

快適な景色を維持するための仕組みづくり

CHAPTER 6

“ラスボス”のキッチンをどう攻略するか

CHAPTER 1

なぜ、あなたの家は片づかないのか

物を捨てなくても片づくという真実

「ここにある服は1枚たりとも捨てないでください」

その方は少し強めの口調で、私にそう指示を与えたのです。少し前のことになりますが、テレビ番組の企画で、私はある著名人の方の自宅の片づけに挑戦しました。

ご自宅には、その方が舞台で着た衣装も含め、大量の服の山が大きな部屋に所狭しと並べられていました。

部屋の大きさは50畳！　その部屋を埋め尽くす服、服、服。なまじ部屋が大きいだけに、ハンガーラックの数だけで30個近くありました。

そのすべてに服がぎっしりかけられ、さらにはラックにかけられない服が無造作《むぞうさ》に床置きされているので、部屋の中を人が歩くスペースもないほど。物だらけのお宅を何軒も見てきた私でさえ、一瞬、言葉を失ったほどです。

スタッフが数えてみると、ハンガーラックにかけられている服だけで1500着以上もあったそうです。こんなにたくさんの服を着る機会はないと思うのですが、本人いわく、着なくてもいいのです。

「衣装には1枚1枚思い出があるの。だから手放したくない」

片づけられない人に多い、典型的な「思い出の品は捨てられない人」です。でもそのために、シアタールームとして使われるはずだった50畳の立派な部屋は服に占拠《せんきょ》され、入りきらない服が廊下やリビング、はては玄関まであふれ出ていたのですから、同居しているご主人が、ほとほと困り果てていたのもわからないではありません。

きっと何年もかけて、この〝服のジャングル〟がつくられていったのでしょう。最終的には服を1枚も捨てたくないというご本人と、大量の服を一掃《いっそう》したいご主人との間で夫婦げんかが勃発《ぼっぱつ》して、テレビ局の企画に結びついたようです。

私は一日がかりで服を1枚も捨てることなく片づけました。どうしたのかというと、古堅式の「寄せる&埋める」方式を採用しました。

ハンガーラックにかけられている服は、愛着が感じられる物に見えたので、ご本人が「大好き」という服だけを残し、無造作に床置きされた服は透明な衣装ケースにたたんでおさめ、部屋にあったウォークインクローゼットの中にどんどん埋めていったのです。古堅式では、このように収納の中などに入れて、**視界から消すことを「埋める」**といいます。

床に直置きされた服を寄せて埋め、視界から消したことで景色が変わりました。さらに、愛着ある服をハンガーラックにかけ、50畳もの広い部屋に秩序をもって並べたことで通路ができ、景色も変わって使いやすくなりました。

今まではいろいろな服がごちゃまぜになって、好きな服、思い出の服を眺めることもできませんでしたが、これからは大好きな服に囲まれて、楽しい思い出に浸りながら時間を過ごすことができます。

服の間に埋もれていたソファーを発見したので、置いてあげるとご本人は大喜び。ソファーに座ってゆったりあたりを見まわすと、「やっぱり片づくって気持ちがいいのね。私、これを機に変わるわ」とおっしゃったのです。

あれだけの数の服を捨てずに片づけられた感動と、大好きな服を思う存分眺められる幸せ、片づいた空間の清々《すがすが》しさに、ご本人の気持ちは大きく動いたようです。

それまでは「仕事で忙しいから片づけは無理」「でも捨てるのはいや」「だからこのままでもしかたない」と片づけを半《なか》ばあきらめていた方が、「これを機に変わるわ」と言われたのですから、私も感激してしまいました。

テレビではなぜかうれし泣きする私が映って終わったのですが、捨てなくても片づけられることが、テレビでも多くの方に伝えられてうれしい限りでした。

捨てることが片づけという誤解

今までの片づけのセオリーは、物を減らすということでした。物を減らす、つまり手放せば、片づいた暮らしが実現できるという理屈です。たしかにそれが一番簡単です。

でも、世の中には物が捨てられない人がたくさんいます。捨てられないから困っている。俗にいう〝ゴミ屋敷〟はその最たるものでしょう。

でも安心してください。捨てなくても、部屋を片づけることはできます。服や衣装を山ほど持っていたあの著名人の家だって片づいたのです。

そして、片づくことで物事が動きます。

「捨てる」から始めなくても片づけられるし、生活は変わります。捨てる＝片づけという思い込みを解いてほしいのです。

最近、私は「世間で当たり前とされている片づけ」ができない方と向き合いながら仕事をすることが多くなっています。冒頭に紹介した著名人の方も、テレビ局がほかの片づけのプロに打診《だしん》して断られ、最後に私のところに来たようです。

捨てられなくて、どうしようもなくなり、最後に私のところに来る。そういう方に「捨てなさい」「物を減らしなさい」と、私はどうしても強くは言えないのです。

なぜなら、「物を捨てなさい」という言葉は、持ち主の人格を否定してしまうところがあるからです。そこに物があるのは持ち主なりの理由があり、捨てられないのも理由があります。

そうした事情も無視して、ただ「減らしなさい」「捨てなさい」と言うのは、その人を否定することにならないでしょうか。今まで頑張って生きてきて、このような形になり、これを何とか変えたいと思っているなら、それもその人なりの生き方の表れです。

それをやみくもに他人が否定していいのでしょうか。唯一、物を捨てられるとしたら、その人自身が「捨てよう」「減らそう」と自らすすんで前向きに思えるようになったときだけです。他人がとやかく指図したり、ましてや「捨てられないからダメな人だ」と評価を下すものではありません。

あとで説明しますが、物を寄せて家の中に更地をつくり、景色を変えると、心が動き出します。

そうすれば、**いる物といらない物、理想の暮らしに必要な物と必要ではない物が自然に見えてきます。すると自発的に物を取捨選択《しゅしゃせんたく》できるようになる。そうなるように環境を整えるのが本来の片づけの意味**ではないかと思います。

ここで少し、私自身の個人的な意見を述べさせてください。

コロナ禍《か》になる前は、家の外に広がる豊かな世界が楽しめました。外に関心が向いているときは、家の中の物はなるべく早く片づけてしまおうという意識があったのも確かです。

でも、あのコロナ禍の自粛期間が、私たちの意識や生活を変えてしまいました。家にいる時間が長くなり、暮らし方、生き方、物との付き合い方も変わってきました。

外に出られないぶん、家にいる時間を豊かにしたい。そのためには、物を減らせば片づけは楽かもしれませんが、それだけでは物足りない。

好きな物に囲まれて、好きなことができる空間が大切なのだ、という方向に変わってきたと思うのです。

やりたいことができる環境をつくってから、必要のない物を手放せばいい。そのほうが豊かな生活が送れます。なぜなら、みなが「捨てろ」と言う物の中にも、その人だけが知っている、その人だけの価値ある物もあるからです。

だから、ここ1、2年の私の口ぐせは、こんなふうに変わりました。


「いいからいいから。まだ捨てないで。まだ片づいていないのに捨てちゃったら、もしかしたら片づいたあと、必要になるかもしれないでしょ」


今までの片づけのセオリーと逆なのです。「もう少し減らせば片づきますね」ではなく、「まだ捨てないで。片づいてから考えても遅くないから」です。

捨てる・減らす＝片づける、という時代はもう終わったのです。

あなたの家が片づかない10の理由

どうすれば、物を捨てずにすっきりと片づけられるのか。第2章以降ではその話をしていきます。その前に、どうして家が片づかないのか。その理由について考えてみましょう。

片づかない理由がわかれば、対策もわかります。家がすっきりしたあと、再びリバウンドせずに済むでしょう。あなたの家が片づかない理由を見つけて、原因を取り除くように努力してみましょう。

①「いる」「いらない」から始めているから

片づけの王道ともいえるのが「いる」「いらない」の仕分けです。今までの片づけは、まずこの「いる」「いらない」から始まっていたといっても過言ではありません。でも、片づけられない人に、「いる」「いらない」の作業は苦行でしかありません。

捨てられないから物がたまる。そういう人に「いらない物を選べ」と言っても、そもそも無理というものです。ですから、片づけられない人は、「いる」「いらない」という〝苦しみ〟から始めないことです。

何も考えずに、部屋にある物をどこかに寄せてしまう。または「どれがいる？」という楽しい物の選び方で片づけに取り組んでいくのが、片づけの第一歩を踏み出しやすい方法だと思います。

何を隠そう、私も片づけの仕事を始めた当初は、「いる」「いらない」で仕分ける方法をとっていました。でもあるとき、ふと気がついたのです。

「いる」「いらない」をやっていては、永遠に片づかないんじゃないの？

私の仕事は、約束した時間内で目に見える成果を出すことです。細かい物の仕分けを延々とやっていて、たとえ引き出しの中身がきれいに整理整頓されたとしても、部屋の景色が変わらなければ、「あれ、どこが片づきましたか?」と言われてしまうのがオチです。

ですから、まずは目に見えるところから大きく変える。インパクトの大きな変化を起こすことから始めました。すると依頼した方の心が動くのです。私は細かな仕分けより、依頼された方の心を動かすほうが大事だと気がつきました。

心が動けば、明日からのその方の生活が変わります。細かい物の仕分けは、景色が変わり、生活が変わってからやればいい。

冒頭でお話しした衣装だらけの著名人のように、「これを機に変わるわ」と思っていただくことのほうが大切です。片づかないことで自分を責めたり、家族がいがみ合ったり、イライラしたりする生活から解放されて、気持ちのいい幸せな人生を送っていただくほうが、物の整理より大切です。

そのためには、まず何より部屋の景色を変えなければいけない。1個1個の物に向き合って、時間を浪費している場合ではないのです。これが、私が「いる」「いらない」

をやめた理由です。

物とだけ向き合い、物の「いる」「いらない」をやっていても、部屋は片づかないし、生活は変わりません。

たとえば、書類の選別を考えるとわかりやすいでしょう。未選別の書類の山をガサッと出してきます。そして「いる書類」「いらない書類」「一応保管しておく書類」に分けていくとします。1枚1枚目を通して分けていっても、おそらく部屋の景色は1ミリも変わらないでしょう。

それどころか、新たに新しい書類の山「いる書類」「いらない書類」「一応保管しておく書類」が出現しています。最後にはいっこうに変わらない景色に疲れ果てて、そのまま書類を元の場所に戻してしまう。こんな片づけを経験したことはないでしょうか。

景色が変わらなければ、片づけへのモチベーションはおそろしく下がってしまいます。片づけが苦手な人、物を捨てられない人は、「いる」「いらない」から始めないことが重要です。

②物の量にうんざりしてしまうから

物と向き合っていると、片づけるのがいやになってきます。片づけられない人の家は、例外なく物が多いのです。ただでさえ多い物を目の前にして「さあ、これから物を整理しましょう」と言われるのは、片づけられない人には罰ゲームも同然です。その物量を見ただけで、うんざりしてしまいます。

結局、出すだけ出して、収拾《しゅうしゅう》がつかなくなり、前よりもっと散らかったまま、途方に暮れるなどということにもなりかねません。

こんなお宅がありました。新しい家に引っ越してきて、もう1年近く経つのですが、ダンボールの山がなくなりません。

この家の奥様は、時間を見つけてはダンボールをあけ、1個あけては物を整理し、整理しきれない物はまたダンボールに戻して、を繰り返してきました。

「これでも少しは片づいたんです。前はもっとダンボールだらけだったんですから」

と奥様は言い訳のように私に言います。

「わかります」と私は答えました。

「たしかに、前はもっとたくさんあったんでしょうね。でも減ったとしても景色はあまり変わっていないんですよね、きっと」

奥様はあやうく涙ぐみそうになっていました。物と向き合って「いる」「いらない」をやっていても、家の中は思うように片づかないのです。


そもそも、物を簡単に捨てられる人は、片づけで悩みません。物を捨てられないからたまってしまう。たまってしまうから片づけられない。

捨てられない人に物の片づけをやらせても、もともと捨てることに抵抗があるのですから、遅々《ちち》として進みません。特に「いらない」物の選別で悩むことになるでしょう。そして最後は面倒くさくなって、片づけを放り出す。

だから物と向き合いすぎないことです。物の片づけに足をとられて疲弊《ひへい》するくらいなら、物は片づけないで、どこかにまとめて寄せてしまう。そして景色を変えるほうに専念する。

使わないなら、寄せなさい。捨てられないなら、埋めなさい。

私が声を大にして言いたいのはそういうことです。

③リビングに物が出しっぱなしだから

片づかない家は例外なく「物だまり」ができています。物だまりとは、動いていない物がたまって、岩や山のように固まっている様をいいます。

ソファーの上に投げ出してある取り込んだままの洗濯物、ダイニングテーブルの上にある出しっぱなしの調味料やちょい置きのＤＭ類、床に投げ置かれたバッグやダンボールなど、片づかない家のリビングには必ずといっていいほど物だまりができています。

これらが景色の一部になってしまうと、もはやその家では当たり前の光景になってしまうので、散らかっているという感覚すらなくなってしまいます。外から来た人がギョッとするような散らかり具合でも、本人たちには自覚がない。こうして片づかない家がどんどんできあがっていくのです。

景色を壊すのは物だまりといってもいいでしょう。この物だまりがどうしてできるのかというと、動線を考えた物の配置がなされていないからです。

もっとはっきりいうと、動作が起きる場所と、物を収納する場所が離れていること、つまり、動線が長いことが物だまりを発生させる大きな原因です。

物だまりを出現させやすい「洗濯動線」について考えてみましょう。洗濯は毎日行うことなので、この動線がとどこおると、物が毎日たまっていくことになります。

ソファーや椅子に取り込んだ洗濯物がいつもたまっているとしたら、洗濯物を干す場所とそれを収納する場所が離れているからにほかなりません。

取り込んだ洗濯物をしまいにいく、その動線が長いから、移動するのが面倒だったり、移動途中に何かが起きて、動線上の途中にあるソファーやダイニングの椅子などあちこちに洗濯物が〝不時着〟することになってしまうのです。

でも、洗濯物を干したりたたんだりする場所と、洗濯物を収納する最終ゴールが近くにあれば、散らかる原因はつぶせます。

物だまりがある人は、なぜそこに物がたまってしまうのか、日頃の動線を振り返ってみましょう。必ずそこに物がたまる動線の問題があるはずです。

解決策としては、動線を短くして、物の〝不時着〟を防ぐことです。遠くにある収納場所を、動作が発生する場所の近くに移動させること。

一例をとると、わが家ではリビングのテレビ下の収納に、私の化粧道具とパソコンが入っています。

以前、ここは子どもたちのテレビゲームを入れる場所でした。テレビゲームはテレビのそばでやる。だからゲームの置き場所をテレビ下の収納に決めておけば、出し入れするときも最短の動線で済むので、ゲームが散らからない。そう考えての置き場所でした。

でも子どもが大きくなって、ゲームをしなくなりました。つまり、テレビ下のゲームの収納は必要なくなったわけです。

ふだん私は、リビングのテレビの前のデスクでお化粧やパソコン作業をしています。

だったらここを化粧道具とパソコンの置き場所にすればいい。

化粧やパソコン作業をするために、いちいち立ち上がって遠くの収納から取り出すのは面倒です。動作をするすぐそばに必要な物が収納されていれば、必要なときにすぐ出せるし、使ったあともすぐしまうことができるので、散らかるリスクが減ります。

このように、動作場所と物の置き場所（収納場所）を近づけるのがポイントです。

要するに、動線を極力短くする。これに尽きます。

なお、物だまりができる人の究極の解決策は、物だまりができている場所のすぐ近くに、たまっている物の置き場所をつくってしまうことです。

ダイニングテーブルにＤＭや紙類がたまるのなら、そうした物を置いていい場所をダイニングテーブルのすぐそばにつくってしまう。収納場所がなければ、テーブルの下に入るくらいの小ぶりなワゴンを置いてもいいでしょう。

物がたまるのなら、たまる場所に一時的に避難させる場所をつくる。こうした逆転の発想も大切です。

④物が収納におさまりきっていないから

悲しいかな、人は生きていれば生きていくだけ、物が増えていきます。ましてや物が捨てられない人だと、物はたまる一方です。

日頃から片づけられる人は物を捨てられるので、許容範囲を超えるまで物はたまっていきません。一方、物が捨てられない人は、いつしか物の量が許容範囲を超えてしまい、自分でコントロールできなくなります。

片づかない家で悩んでいる人は、ほとんどが許容範囲を超える大量の物を持っています。家の中を見まわしてみましょう。

タンスの引き出しや収納、クローゼットの前に物があふれていませんか。物が床置きされていませんか。それは許容範囲を超えて物を持っている証拠です。

それでも安心してください。古堅式なら、物を捨てずに片づけることができます。ですが、「ただし」という条件がつきます。

片づけたいと思うなら、もうこれ以上安易に物は増やさないことです。そうしないと、物はどんどん増え続け、いずれは破綻《はたん》してしまいます。

先日、片づけの依頼で訪問したお宅は、服の量が尋常《じんじょう》ではありませんでした。値札がついたままの服やまったく袖を通していない服もたくさんあります。60代の年配のご婦人がひとりで住んでいる一軒家でしたが、部屋という部屋がすべて服で埋め尽くされていて、さすがの私も驚いてしまいました。

なぜこれほどまでに服が増えてしまったのかというと、仕事上のお付き合いで、服を購入せざるを得ない状況だったようです。着ないとわかっていても、服を購入せざるを得ないし、買った服は捨てるわけにはいきません。この年代の方たちにとって、捨てる＝罪をおかすくらいの大罪です。

ましてやビジネス上、取り引きがあるお客さんから購入した服であればなおさらです。こうして、次々と服を買ってはため込んでいくうちに、家中が服で埋め尽くされ、身動きがとれないほどの〝大惨事《だいさんじ》〟になってしまったのです。

この家の片づけをどうしたのかというと、とにかく延々と服をたたみ続け、収納ケースに埋めていきました。着る可能性がある服は、ホームセンターからありったけのハンガーを買い集めて、ハンガーラックにかけていったのです。
服をたたんだことでスペースができ、ご婦人も片づける意欲が湧いてきたようです。「もうこれ以上服は増やさないわ」と笑顔で語ってくれました。

このケースのように、困っている人を助けたいというのが私の心情ですが、それでも片づけを依頼されて、お断りするケースもあります。それは物に無自覚で、欲望のままに物を増やすことをやめない人からの依頼です。

せっかく片づけても、本人や家族に際限なく物を増やす人がいると、家はすぐに物だらけになってしまいます。まるで水道の蛇口《じゃぐち》の栓が開きっぱなしのように、ジャージャーと物が流れ込んでくるようだと、片づけても意味はありません。

この本を読んでくださっている方にもお伝えしたいのですが、家を片づけて、景色を変えたいのなら、これから許容範囲を超える物は持たないように気をつけてください。家を片づけたいのなら、少なくともそう決心した日から、今までのように無制限に、欲望にまかせて物を買う習慣は改めてほしいのです。

本当は、自分の家の収納にどれくらいの物が入るのか、「枠の意識」を持つことが大事です。枠を意識し、枠をはみ出さない範囲に物の量をおさえることが大切なのですが、片づけられない人、物が捨てられない人に、そこまでのことを要求するのはハードルが高いかもしれません。ですから、せめて片づけようと決めた日からは、無制限に物を増やさない。減らせないなら増やさない。

これだけを肝《きも》に銘《めい》じて、物に対する欲望をセーブしてほしいと思います。

⑤部屋に収納グッズが置かれているから

物が多い→しまう場所がない→収納ケースやグッズを買う→ますます部屋が狭くなって物があふれる。

そんな悪循環を私はいやというほど見てきました。

物があふれているのは、空間と物の量が合っていないからです。にもかかわらず、なぜか収納グッズを買えば、物が片づくと誤解してしまう人が多いのです。

そして安易に収納グッズを買い足してしまい、そのせいで暮らす空間を狭くし、ますます生活しにくくなります。それに収納グッズを買えば、そのぶん物が入るので気がゆるんで、さらに物が増えてしまいます。

これだけは断言しておきます。

〝モロ出し収納〟が景色を壊す一番の要因です。

CASE1（2ページ参照）のお宅は、リビングの壁際にたくさんの引き出し式、ふた付きのプラスチックの収納ケースが並べてありました。引き出しの中には子どもの衣類がおさまっていて、窓際には突っ張り棒で洗濯物が干されています。

動線的には便利ですが、景色は完全に壊され、プラスチックの収納ケースの上は物だまり。リビングが収納部屋と化し、ぱっと見たところ倉庫のようでした。

景色を壊す一番の理由が、〝モロ出し収納〟であるケースはけっこう多いものです。


〝モロ出し収納〟の代表は、プラスチックの収納ケース、カラーボックス、ハンガーラック、スチールラックなどが主ですが、最近よく見かけるのは、天井と床を突っ張り棒で固定するタイプの収納棚です。

私はそれを〝トーテムポール〟と呼んでいるのですが、この棚が実にやっかいです。何でもボンボンしまえるうえ、天井近くの高い位置は台がないと手が届かないので、物がしまいっぱなしになります。気がつけば、トーテムポール自体が巨大な物だまりになっていることがよくあります。

収納できないからできるだけ大容量の収納ケースやグッズを買い足すという安易な発想では、いつまで経っても家は片づきません。

収納ケースやグッズで片づけは解決できない。それどころか、片づけが苦手な人にとっては、さらに物が増えて散らかる要因をつくってしまうこともあるのです。

収納を買い足すことが、部屋の景色を壊す元凶《げんきょう》だと心得てください。

⑥収納場所や収納グッズを使いこなせていないから

片づいていないお宅によくあるのが、収納ケース。物が多い家には必ずといっていいほどさまざまな収納ケースがたくさん置いてあります。10ページで紹介したお宅も、収納ケースが物だまりをつくっています

物をしまいたい、整理したい、きれいに見せたいという気持ちの表れが、あの収納ケースの量なのでしょう。特に中身が見えない白やカラーの収納ケースは要注意です。

ケースをあけてみると、物が1個とか、中がスカスカだったということがよくあります。収納ケースの一番の問題点は、中に入っている物が見えないことです。私が白い収納ケースをあまり使わない理由は、ケースの中身が把握《はあく》できないから。

物が見えないと、中に何があるのかわからないので、また同じ物を買ってくる可能性があります。特にふたでかぶせるタイプの収納ケースは要注意です。ふた式だと、上から物をどんどん重ねていくので、下のほうには何が入っているかわかりません。

収納ケースの下から、古くなって変色した収納保存袋やラップが死ぬほど出てきたお宅もありました。持っている物の把握ができないという点でも、中が見えない収納ケースは、ふだん使いする物としてはあまりおすすめできません。

リビングに白い収納ケースがきれいに積んであるお宅があって、私は白い棚だと思っていたら、収納ケースでした。収納ケースの中はほとんど動いていないので、そこには巨大な白い物だまりがあるのと同じでした。

また、あるお宅では、家族がくつろぐリビングの一等地にあるクローゼットの扉をあけたら、収納ケースがびっしり並んでいました。「中に何が入っているの?」と聞くと、本人も「よくわからない」と言うのです。これでは一等地にあるクローゼットの意味がありません。

クローゼットが機能していないので、そのお宅ではソファーや玄関の洋服ラックに山のように衣類が積まれていました。本来収納すべき衣類がすべて外に出ていて、生活にほとんど関係のない収納ケースが一等地のクローゼットを占拠していたのです。

物を手当たり次第突っ込んでしまうのも、収納ケースが多いお宅の特徴です。「昔のＰＴＡの書類をこの中に入れておく必要がありますか？」とか「お子さんの赤ちゃんのときの衣類をここに入れておかないとダメですか？」とか、不要不急の物が収納ケースの中に入って、ふだん生活をするリビングに並んでいたりするのです。

私は何も収納ケースをすべて否定しているわけではありません。中が見えない収納ケースがあることによって、片づかない環境をつくっていませんか？　ということを言いたいのです。

ふだん使う物や生活に必要な物は、収納ケースに入れないで、もっと取り出しやすいところに一目瞭然《いちもくりょうぜん》になるように収納する。そして中が見えない収納ケースは別の場所に移動させてほしい。それこそ、寄せた物を埋めるために、中身が見えない白い収納ケースを使うのはアリだと思います。その場合は、暮らす空間の一等地ではなく、使用頻度の低い部屋、つまり「僻地」やデッドスペースに移動させてほしいのです。

逆に考えれば、捨てられないけれど、一生使わないような物を埋める容《い》れ物として、中身が見えない収納ケースは最適です。特にふた付きの収納ケースは上からどんどん積んでいけるので、収納力も抜群です。

収納ケースを使うなら、「僻地」やデッドスペースに物を埋めるアイテムとして利用するという使い方がいいのではないでしょうか。

⑦すべての部屋を一気に片づけようとしているから

片づけようとして挫折《ざせつ》してしまい、結局片づかないという人に多いのは、すべてを一気に片づけようとしているからではないでしょうか。

片づく＝家全体を片づける、という発想でいるとつまずきます。なぜなら、家全体を片づけるのは魔法使いでもなければ、とうてい無理だからです。

家が全然片づいていないのなら、せめてひと部屋くらいは片づいた場所があればいい。

それくらいハードルを下げないと、片づけられない人は片づけが始められません。「この家は家中どこを見まわしてもごちゃごちゃだけど、リビングだけは片づいているわ」「どの部屋もめちゃくちゃだけど、ダイニングまわりはきれいね」。最初はそれでいいのです。ひとつの部屋の景色が変われば、少しずつ暮らしが変わります。暮らしが変われば、前向きに物事が動き出すのです。

こんな家がありました。2階建ての一軒家4LDKのお宅です。かつては子ども3人が住んでいましたが、今はみな独立して、夫婦2人だけで住んでいます。この家が足の踏み場もないくらい物だらけなのです。

子どもたちがいつでも帰ってこられるよう、子ども部屋はそのまま。衣類やベッド、部活の道具まで、何ひとつ捨てることなくとってあります。衣類はタンスに入りきらずリビングまであふれていますが、しまう場所がないのでそのままです。

奥様は「いつか片づけなければ」と思いながら、どこから手をつけていいかわからず、年月だけがどんどん過ぎていってしまったそうです。

この家の場合、家全体を片づけようとしたら、それこそ月単位、もしかしたら年単位のプロジェクトになるかもしれません。それくらい物の量が半端ではありませんでした。

だからまず、リビングだけを片づけたのです。リビングにあった大量の物たちを、すべて2階の一室に寄せ、リビングの景色を変えてみました。たったそれだけですが、劇的に家の暮らしが変わったのです。

ご主人は、広々としたダイニングテーブルの椅子に嬉々《きき》として腰かけ、何年かぶりに新聞を広げてコーヒーを飲むことができたそうです。「俺、ここでコーヒーを飲んだの、いつだったかなあ」とおっしゃっていたとか。

それまではリビングのすみで立って新聞を読み、キッチンのシンクの前で立ってコーヒーを飲んでいたというから驚きです。そんな生活でも慣れというのはおそろしいものです。

人並みにダイニングテーブルに座って、新聞を広げ、コーヒーを飲む。当たり前の生活を取り返してみて初めて、いかに今までが異常だったか気づいたようです。

住めば都ではありません。いくら慣れてしまっても、無意識に目に飛び込んでくる乱雑な物、くつろげない空間、掃除も行き届かない不衛生な環境がチクチクと意識に刺さり、知らず知らずのうちにイライラしたり、ギスギスして荒れた心を生んでいたはずです。

物だらけの家に住む家族はけんかが多い。これは私の経験則です。人は落ち着いた空間にいてこそ、穏やかに、そして人にも自分にも思いやりをもって接することができるのではないでしょうか。

家族の平和のためにも、せめてひと部屋、せめて家族で過ごす共有スペースだけはすっきりした空間にしていただきたいものです。

⑧家族の協力が得られないから

家が片づかない人の多くは、ひとりで悩み、ひとりで抱え込んで、ひとりで何とかしようとしている人が多いのではないでしょうか。

でも家族で暮らしている家だと、家族の協力なしには片づけができません。せっかく自分が片づけても、家族がどんどん散らかすようだと、片づけは一生終わりません。同じ空間で生活する家族がいるのなら、この家で自分たちがどんな暮らしをしたいのか、共通認識を確認しておく必要があります。

モデルルームのように生活感のないきれいな空間にしたいのか、子どもが自由にのびのびと遊びまわれる空間をつくりたいのか、友だちを呼んで楽しくおしゃべりできるカフェのような空間をつくりたいのか、どんな空間にしたいのかで、片づけ方はまったく違ってきます。

ですから「この部屋はこうしよう」という話し合いを、家族でぜひやっていただきたいと思います。たとえ意見がまとまらなくても、家族と話し合いができたというそれだけでも、片づけようというエネルギーにはプラスになります。

さらにいうと、片づけはエネルギーがいる作業です。人手がないと家具の移動や大きな物のゴミ出しなど、難しいところもあります。そんなとき物理的に手伝ってくれる人がいれば、どれほど心強いことか。

夫や子どもが手伝ってくれるのが一番望ましいのですが、友人や同僚、片づけの専門家の協力をもらうのもひとつの方法だと思います。世の中には「人の家を片づけたい」という人が必ずいます。

私ごとになりますが、昔私が整理収納アドバイザーの資格を取ったとき、ママ友たちの前でその話をすると、「うちをやってよ」といろいろな人からオファーがありました。世の中には片づけに対する根強い需要があって、それに応える供給もあるということです。

ですから、思い切って周囲に助けを求めてみるのもいいと思います。「私、手伝う」とか「私、整理収納アドバイザーの資格を持っている」という人が必ず出てくると思うのです。

ひとりで抱え込んでいても、片づけの問題は進まない。

そんなときはまわりに打ち明けたり、相談したり、周囲を巻き込むことも大切だと思います。

⑨ 来客が少ないから

みなさんはお客さんが来るとなると、家を片づけますよね。人が来ると、家がきれいになるのは誰もが経験することです。人が頻繁《ひんぱん》に訪ねてくる家は、自然に片づくようになります。反対に、人が訪ねてこなくなると物は出しっぱなしになり、だらしのない家になってしまいます。

ある年配の女性は、もともとズボラな性格でした。子どもがまだ小さくて、子どもの友だちやママ友が訪ねてくるうちは何とか家を片づけて掃除していたのですが、子どもが成人して家を出ていき、ご主人と2人暮らしになると、とたんにズボラが爆発してしまいました。

家は一戸建てで、2階に夫婦の寝室があるのですが、ズボラな彼女はそのうち2階に行くのも面倒くさくなって1階のリビングで寝起きし、一日の大半をリビングで過ごすようになってしまったのです。

リビングにふとんを敷きっぱなしにして、着替えもお化粧もリビングで済ませます。家族の共有スペースであるリビングが、まるで彼女のひとり暮らしのワンルームのようになってしまい、ご主人も2階の自分の書斎でひとり食事をする始末。

こんな家に人は呼べないので、知人や親戚はもちろん、子どもたちさえ寄りつかなくなってしまいました。

人が来ない→家が荒れる→ますます人が来ない→もっと家が荒れる、の悪循環です。こうならないためには、ふだんからある程度人とかかわることが大切です。知り合いに会ったら、気軽に家に誘ってお茶を飲む。古くからの友人に声をかけて、おしゃべりをする。そんな生活を意識してつくったらどうでしょうか。

人が訪ねて来られる家にする。これは片づかない人が家を片づけるようになる、効果てきめんの方法です。

ちなみにこのご婦人のお宅は、私が片づけに入って、2階に彼女専用の個室をつくりました。1階のリビングに散乱していた物たちは何ひとつ捨てずに、すべて2階の彼女の個室に寄せて、「この部屋は自由に使ってくださいね。好きなだけ散らかしていいです。でもほかの部屋に侵食しないように」と約束していただきました。

すっきりと生まれ変わったリビングを見て、ご婦人は大感激。「私、お友だちを呼ぶわ」と目を輝かせて、張り切り出したのです。

人の目が入ると、部屋はきれいになります。注目されると、美人になる女優さんと似ていますね。家もオープンに、人に見られる家にすると、どんどんきれいになっていきます。

⑩ 気力の衰《おとろ》えを感じるから

ご高齢の親がいる実家の片づけを頼まれることがよくあります。年配の方の家の多くは、物があふれて手がつけられない状態になっています。そんな様子になっても物を処分するのをいやがる方が多いのです。

なぜ年齢を重ねた方の家がこのようになるのかというと、ご高齢の方特有の心の問題があります。

一番大きいのは、「またいつか」という時間があまりないということです。若いうちは未来があるので、「また買えばいいや」「いつか買えばいいや」と思い、物を手放せます。

でもご高齢の方だと、「今手放してしまったら、もう二度と手に入らないかもしれない」という不安が先に顔を出してしまいます。それが物を処分したがらないお年寄りの生活につながっていくのです。

生きていれば生きていくだけ、物は増えていきます。そして物に執着する気持ちも増してくる。でもそれに比例して、物に向き合うエネルギーは衰えていきます。

今はまだ気力があっても、そのうち片づけられなくなるときがくる。

階段の昇り降りがつらくなったり、びんのふたがなかなかあけられなくなったり、体が衰えてくるのと同じように、気力の点でも、片づけるエネルギーが湧いてこなくなるのです。

そうなると、物であふれた光景はそのまま固定し、当たり前の景色になってしまい、片づけようという意欲さえなくなってしまいます。

今年片づけられない物は、来年になればもっと片づけられなくなる。再来年になれば、さらに片づけられなくなるでしょう。

実家の親の家を見て、困った物だと顔をしかめているあなたも他人事《ひとごと》ではありません。物であふれた実家の光景は、未来のあなたの家の姿です。そのうち片づけようと思っていたら、あっという間に月日が経ってしまいます。

片づける気力は歳とともに衰えていきますから、なるべく早く、気づいたときに片づけに取りかかることをおすすめします。

CHAPTER 2

どんな暮らしがしたいのか、コンセプトを決める

「掃除がしやすく」「散らかりにくく」「景色がよい」理想の暮らし

この章では、物を捨てることなく、すっきり暮らすために必要な考え方についてお話ししていこうと思います。それは、「この部屋をどうしたいのか」というコンセプトづくりに尽きるのですが、その前に、すっきりした暮らしがどんなものか、説明してみましょう。

というのも、片づけられない人は、片づいていない状態が当たり前になっているので、「すっきりした状態」が具体的にわからないことが多いからです。

こんなお宅がありました。

「古堅先生が来られるので、きれいに片づけたんですよ」とその家の奥様はうれしそうに笑顔で出迎えてくれたのですが、私の目から見ると、あまり片づいているように は見えませんでした。

キッチンの床には、口が開いたお米の袋がそのまま置かれていましたし、食品が入ったままのエコバッグやペットフードの袋も床置き状態でした。たぶん、いつもはもっとたくさんの物が置かれていて、それらを片づけたので、本人的には「片づいた」と思っているのでしょう。

ダイニングテーブルの上には学校のプリント類や手紙、サプリメントなど雑多な物が置かれていて、それらがみな端に寄せられていました。きっと片づけたつもりだと思います。よく見ると、テレビの画面のふちやＤＶＤデッキの上にはうっすらほこりが積もっています。でも奥様はまったく気づいていない様子でした。

このように「すっきり」した状態がどういうものか、とらえ方は人によってさまざまです。もちろん本人がそれで「片づいている」「すっきりしている」と思えるならそれでいいのですが、一緒に暮らす家族はどう感じているでしょうか。

また、私のように、外から来た人がどう思うかも重要です。そこで、すっきりした状態の目安を具体的に示してみましょう。

① ロボット掃除機・ルンバが走る床を目指す

まず、**すっきりしているというのは、掃除がしやすいこと**です。具体的にいうと、床置きがなく、ルンバが自由に走れる状態をイメージしてください。

床に物が置いてあると、ルンバはいちいち突っかかって、掃除に時間がかかります。物のまわりはどうしてもほこりがたまったり残ったりするので、汚くなりがちです。

何もない更地を想像していただけると、掃除がとんでもなく楽なことがおわかりいただけるでしょう。実際の生活では、家具や家電なども置きますから、更地の状態にはなりませんが、少なくとも床に物がなければ掃除がしやすい。

でも、床置きの物があるといちいち動かして掃除をしなくてはいけないので、だんだん掃除が面倒になります。するとますます床置きが増えて、そのうち掃除をしなくなります。

床置きの物がなく、ルンバが快適に走れる掃除がしやすい状態がすっきりした暮らしの目安です。

②戻しやすければ、散らかりにくい

また、部屋がすっきりするためには、**物の居場所が決まっていて、戻しやすいこと**も大切です。使った物は元の場所に戻す。そうすれば、部屋は散らかりません。当たり前ですよね。

でも、戻す場所が決まっていなかったり、使いにくい場所にあったりして、いちいち移動しなくてはならないとなると、遅かれ早かれ出しっぱなしになります。

ポイントは、この「戻しやすい」ということです。片づけられない人は、面倒くさがりやさんが多いので、戻しやすくないとすぐに散らかってしまいます。

ご高齢のご夫婦が住むあるお宅の例です。この家では、2人がよく過ごすリビングダイニングに物が集中し、ダイニングテーブルやソファーの上はもちろん、床の上まで物だらけの物置きと化していました。

物をしまう場所がない。あってもリビングダイニングから離れている。特にこのご夫婦の場合は、奥様が足が不自由な方でしたので、よけいに身の回りに物を集めてしまう傾向がありました。

そのため、ふだん使う物が一日の大半を過ごすリビングダイニングに置きっぱなしになり、どんどん増えて物だまりになってしまったのです。

そうなると、必要な物も物に埋もれて見つからず、同じ物を買ってきてしまうという繰り返しだったようです。

この家を私がどうしたのかというと、リビングダイニングにふだんよく使う物の収納場所をつくったのです。リビングに大きな食器棚があったのですが、大量におさめられた食器のほとんどは使っていませんでした。そこで、ふだん使う茶碗や湯飲み、小皿類だけを残して、ほかの食器はすべてキッチンの食器棚の中に収納。動いていなかった物はダンボールに詰め、あまり使っていない北側の部屋に寄せたのです。つまり、僻地に寄せて埋めてしまったわけです。

そして空になったリビングの食器棚に、薬やティッシュボックス、ポット、茶筒、リモコン、文具など毎日使う物を置く場所をつくりました。またちょい置きできるスペースとして、ダイニングテーブルの近くにワゴンを置きました。

その結果、ダイニングテーブルの物だまりは解消され、座ったまま手を伸ばせば、生活に必要なだいたいの物は手にとれる便利な状態ができあがったのです。物を使っても、いちいち立って戻しにいかず、手を伸ばしてワゴンか食器棚に戻せばいい。

使いやすく、戻しやすい環境をつくる。そうすれば、物が散らからないのですっきりした空間が実現できます。つまり、すっきりした空間とは、物がすぐ戻せる状態になっていて、散らかりにくい暮らしを指します。

③部屋も見た目が大事

「景色」という言い方は独特なので、少しわかりにくいかもしれません。簡単にいってしまうと、部屋の見た目のことです。

片づいていない空間に暮らしていて、その景色に慣れてしまうと、景色がよい状態がわからなくなります。

「適当に散らかっているほうが、居心地がよくないですか？」と言う方もいるかもしれません。何度も繰り返すようですが、ひとり暮らしであれば、どんな空間で生活しようとその人の自由です。好きに暮らしてください。

私も自分がひとり暮らしだったら、手が届く範囲に物を置いて、出しっぱなしにして、片づけないものぐさな生活を送っていたかもしれません。

でも家族がいれば、そんなわけにはいきません。「自分さえよければいい」という自分勝手な暮らし方をしていては、家族がいやな気持ちになってしまいます。

この本を手にとってくださった方は、片づかない空間を何とかしようとしているのだと思いますので、だったら、**今の景色を変える、つまり部屋の見た目を変えること**を目指していただきたいのです。

部屋の中に一歩足を踏み入れたとき、たとえ物が多くても秩序があるとか、センスが感じられたら、すっきりした感じがします。要するに**物の量ではなく、見た目**です。

景色は人間のメイクとちょっと似ています。起き抜けのボサボサ頭とノーメイクでゴミを捨てにいくのか、軽く髪をまとめて、眉と紅を整えていくのか。ふだんの心がけで、その人の見え方、ひいては生き方も変わってくるでしょう。

この部屋がどう見えるのか、部屋の景色はどうなのか、部屋の見た目を意識する心がけの延長線上に、すっきり暮らす生活があると思います。

この部屋で一番何をしたいのかを明確にする

私が訪問する家には、整理収納に関する本がたくさんあるのが特徴です。

こんなにたくさん本を読んでも、すっきりした理想の空間が実現できない、つまりかなえたい希望が実現できていないのはとても不思議です。

「なぜだろう」と私も考えました。そして思い至ったのが、「この部屋で何がしたいのか」という目的が具体的になっていないのではないかということです。

私に依頼してくる方は「部屋をきれいにしたい」とか「片づけたい」と言うのですが、片づけてどうしたいのか、その後の展望について話す方はあまりいらっしゃいませんでした。

はっきりお伝えしておきますが、**片づけは手段であって目的ではありません。**

こんな暮らしをしたいから片づける、という「こんな暮らし」にあてはまる部分がはっきりしないと、何のために片づけるのかの目的が曖昧《あいまい》なので、また散らかってしまいます。

せっかく片づけたのに、何カ月かしてまた行ってみると、前よりもっと散らかっていてがっかりすることもありました。

自分がこう暮らしたい、というものがないのに、整理本を読んでそのメソッド通りに片づけても、たどりつくべきゴールがなければ、いつまで経っても自分の理想の暮らしは実現できません。

だからまた、整理収納の本ばかり買ってしまうのだろうと思うのです。取り組むべきは、片づけのメソッドをあれこれ実行することではなく、自分のやりたいことを突き詰めることです。

私はこれをするために片づけるのだ、の「これ」の部分が大切です。

この部屋をどうしたいのか。

たとえばカウンターでゆったりコーヒーが飲みたいのか、寝室でぐっすり眠りたいのか、人を呼んで楽しくおしゃべりしたいのかで、部屋に置く物、家具の配置も変わってきます。

カウンターで落ち着いてコーヒーが飲みたいのなら、カウンターの上に鍵やマスクを置きっぱなしにしないほうがすっきりします。寝室でゆっくり眠りたいのなら、プレッシャーがかかる仕事関連の物や勉強道具は置くべきではないでしょう。人を呼んでワイワイおしゃべりする部屋に、洗濯物や子どものおもちゃがあるのも場違いです。

こんなふうに、この部屋で何がしたいのか、部屋のコンセプトをはっきり決めることが大事です。言い方を換えると、コンセプトさえ決まってしまえば、物の取捨選択はかくだんに楽になります。

この部屋に置きたい物だけ選んで、あとは寄せて、埋める。

そう考えれば、片づけはなんと楽で楽しい作業なのでしょうか。

「将来」ではなく「今」優先すべきは何かを考える

どんな部屋にしたいかを考えるとき、優先すべきは今の生活です。将来の生活のために今を犠牲《ぎせい》にしてはいけません。

こんなお宅がありました。廊下やリビングなど、家中、至るところにダンボールが積み上がっているのです。初めて訪問した私は引っ越してきたばかりの家だと勘違いしてしまったほどです。

この家で、私が頼まれたのはキッチンの整理収納でしたが、ダンボールのほうが気になってしかたありません。ダンボールの中身を聞いてみると、昔ご主人と奥様がやっていた趣味の陶芸の道具や本、それと2人が作った膨大な陶芸作品が詰まっているとのことでした。

「主人は、今は体調が悪いので陶芸ができないのですが、いずれ再開する日のために、関係する物はすべてとってあるんです。子どもの手が離れて、主人も回復したら、また2人で陶芸を再開したい。これがあるから、主人も生きる気力が湧いてくるんです。ですから陶芸の道具はぜったいに手放せません」

奥様は力を込めて言います。

それにしても部屋という部屋はダンボールで埋まり、廊下も半分くらいはダンボールがあって、横歩きしかできません。

ご夫婦には幼稚園と小学校低学年の2人の男の子がいましたが、これでは兄弟でのびのび遊んだり、勉強するスペースもないでしょう。上のお兄ちゃんにどこで勉強しているのかと聞くと、ダイニングテーブルのすみっこだそうです。

「キッチンの整理収納ということでうかがっていますが、リビングダイニングも片づけないと、キッチンの問題は解決しませんね。奥様はおうちをどうしたいですか」と聞いてみると、「本当は家族でくつろげる空間が欲しいのですが、家が狭いのでしかたありませんね」と疲れたようにおっしゃったのです。

この家の問題点は、いつか再開する陶芸のために、今の生活を犠牲にしているところにあります。

家を占拠しているダンボールは、現在はまったく使われていない趣味の道具です。つまり動いていない物たちが、家の空間のかなりの部分を占めてしまっているのです。こういう物こそ寄せて、埋めてしまい、今の生活に必要な物を優先すべきです。

といってもこの家は本当に狭くて、ダンボールを寄せて埋めるスペースがありませんでした。そこで今はお姉さんが暮らしているという奥様の実家の空き部屋に、一時的にダンボールを保管してもらうことになりました。

預かってくれる場所がないときは、レンタルルームを借りてもいいと私は思います。どうしても捨てたくないなら、レンタルルームでも実家でも、どこかに埋めて、とっておけばいい。何年後かに使いたくなったら、掘り出して使えばいいのです。

将来のために今を我慢するのではなく、今の暮らしに大切なことを優先する。

優先すべきは今の生活なのです。

この話と関連するので、ついでに触れておくと、成人して家を出ていった子どもの部屋をそのままにしているお宅がけっこうあります。小学生のときに使っていたランドセルや子どもが描いた絵、教科書や部活の道具などがいつまでもそのまま置いてあるのです。

子どもがいるときは、子ども中心の生活でかまいませんが、子どもが巣立ってしまってからは、自分たちの生活を第一に考えるべきです。

子育てをしている時間より、巣立ったあとの時間のほうがずっと長いはず。使わない子ども部屋を有効活用すれば、ご夫婦がもっと住み心地のいい家が実現するのに、いつまでも過去の思い出にしがみついているのは、人生を損することにはならないでしょうか。

過去にしばられるのも、今の生活を犠牲にする生き方です。すっきりした豊かな生活を実現させたいのなら、過去でも未来でもなく、今、目の前の生活を最優先させることを考えましょう。

どんな物に囲まれて暮らしたいのか

「この部屋で何がしたいのか」が部屋のコンセプトです。やみくもに「部屋を片づけたい」ではなく、「この部屋で、どんな物に囲まれて暮らしたいのか」を考えましょう。部屋の目的がはっきりすれば、部屋に置く物もはっきりします。

コンセプトをはっきりさせると、コンセプトが充満した部屋になります。

依頼を受けて訪問したあるお宅で、物に埋もれたワインセラーが見つかりました。13ページでご紹介したお宅です。ワインセラーが見つかったのは、物置部屋として使っている洋室でした。

いろいろな物が無造作に物置部屋に投げ込まれていたのですが、私にはワインセラーが不用な物には見えませんでした。なぜならワインセラーには電源が入っていて、高級そうなワインがたくさん入っていたからです。

周囲には、ワインセラーにおさまりきらないワインが、プラスチックケースにたくさん入っています。

「もしかしてご主人はワインがお好きですか？」と奥様にたずねると、「主人も私もワインが大好きなんです。毎晩、夫婦で会話しながらワインを飲むのが楽しみなんです」と答えます。

だったら、ご夫婦の絆《きずな》であるワインとワインセラーは物置部屋ではなく、リビングに置くべきです。私はワインセラーをリビングに移動させ、プラスチックケースにあったワインをリビングの棚にずらりと並べてみました。

大好きなワインが並んでいる光景を見て、ご主人のテンションはマックスに達しました。「お見事！」とおっしゃり、片づけが苦手で終始不安そうだったご主人の顔に最高の笑顔があふれました。これが「景色」を変えるということです。

さらに、私はその部屋に置きっぱなしのピアノを見つけて、リビングに移動させせました。ご夫婦の娘さんがピアノを弾くと聞いたからです。

「ピアノ、弾くの？」と娘さんに聞くと、「最近は弾いてないです」と言います。たしかに物置部屋のすみっこでは弾く気もおきないし、ピアノの上に雑多な物も置かれていたので、どかして弾くのも面倒くさい。

私はピアノをきれいに磨いて、リビングに設置しました。すぐ弾ける状態のピアノを見て、娘さんは「私、ピアノを弾きたくなったわ。調律師さんを呼ぼう！」と目を輝かせて喜んでくれました。

このお宅のリビングは、それまで雑然としたコンセプトのない部屋でした。物置部屋があるにもかかわらず、何をする部屋なのかが明確ではなく、何となく落ち着かない雰囲気だったのです。

でもご夫婦が大好きなワインを並べ、娘さんが弾くピアノをセッティングすることで、家族がくつろぐグレード感のある空間に生まれ変わったのです。

なお、このケースでは、部屋のコンセプトを見つけたのは私でした。ご夫婦はまだどんなコンセプトの部屋にしたいのか、明確ではありませんでした。

そういう場合、とりあえず自分が好きで集めている物に注目するといいでしょう。

自分が好きな物は、家に自然にたくさん集まっています。

このお宅ではワインでしたが、別のお宅ではレザークラフト用の革がたくさん出てきたことがあります。奥様が、前々からレザークラフトに関心があり、自分でも作ってみたかったのだそうです。

私は、子どもが成人して使っていなかった子ども部屋を奥様の部屋に変え、レザークラフトの道具をそこに集めました。奥様は「ここを私のアトリエにするわ」と大張り切り。老後の楽しみを見つけたようです。

気づいたら家にたくさんある物が、おそらく自分が好きな物でしょう。どうせたくさんあるのなら、それらを集めてひと部屋つくってみてはどうでしょうか。

好きな物に囲まれていると、気分が上がってきます。集まった「自分の好きな物」がヒントになって、「こんな部屋にしよう」というコンセプトがつかめるのではないでしょうか。

好きな物に囲まれていると、それがコンセプトになります。

コンセプトが決まらない人は、好きな物で部屋をつくってみるのもひとつの方法だと思います。

コンセプトは部屋ごとに決める

家族で暮らしている場合、家族それぞれの夢や要望が違ってきます。ですから、**部屋のコンセプトも、家族の状態に合わせて部屋ごとに違っていい**と思います。

リビングも寝室も息子の部屋もご主人の書斎も、すべて片づいてすっきりした空間にする必要はありません。散らからない生き方を全員がするのは不可能です。

昔、お掃除の仕事で通っていたお宅で、ひと部屋だけ、ぜったいに手をつけられない部屋がありました。その家の息子さんの部屋です。

室内にはゲームソフトがうずたかく重なっていて、ゲーム関連のグッズが足の踏み場もないほど散乱していました。まさにゴミ屋敷状態。親からしたら、すっきり片づけたいというのもわかります。

でも息子さんはかたくなに私を拒みました。

「僕の部屋にはぜったいに入らないでください。何ひとつ触れたり、動かしたりしないでください」と強く言うので、私は息子さんの部屋には入ったことはありませんでした。

部屋の主が満足していて、ほかの家族に迷惑をかけていないのなら、たとえ散らかって見えてもそれでいいと思うのです。

息子さんの部屋はゲームを楽しむのがコンセプト。部屋の目的がはっきりしていて、コンセプトにあった物が集まっているのですから、ある意味、すっきりしているともいえます。

なお、この息子さんは成人して後々ゲームクリエイターになり、親より出世して大きな家を新築しました。息子さんが成功できたのは、まさにあの〝ゲーム部屋〟のおかげです。

新築した息子さんの家の引っ越しの手伝いを、私は息子さんの親から頼まれたのですが、息子さんから断ってきました。「僕は僕の好きなように家の配置を考えたいんです。自分の家ですから僕の自由にさせてください」と。

もっともなご意見です。それぞれの空間はそれぞれの希望、生き方、好きな物で構成すればいいでしょう。

家族に「物を減らしなさい」とか「片づけなさい」と言うよりも、その人に合ったコンセプトの部屋をつくってあげたほうが、家族が平和に暮らせます。

なぜなら、その人の人格を否定しないで済むからです。

たとえば釣りが好きなご主人であれば、ご主人の部屋は釣り道具でいっぱいになってもかまわない。息子の部屋は部活の道具だらけでもいい。娘の部屋はファンシーなフィギュアで埋め尽くされていてもかまいません。

それぞれが好きな物に囲まれて、幸せな気持ちで過ごせればいい。それが片づけの目的です。ただし、その「好きな物」が家族の共有スペースやほかの人の部屋を侵食しないのが条件ですが。

なお、「こんな部屋にしたい」というコンセプトが複数ある人は、コンセプトごとに部屋を分けるといいでしょう。

たとえば人が訪ねてくるリビングはスタイリッシュなモデルルーム風のコンセプトでまとめ、家族がくつろぐ和室は和の雰囲気、奥様の寝室はアメリカンなかわいらしい雰囲気など、用途や気分、希望に合わせて異なるコンセプトの部屋をつくったら楽しいと思います。

家族との関係性や動きを知る

部屋のコンセプトを決めるとき、思い込みは禁物です。「ここは子ども部屋だから子どもが使う部屋」とか「ここは寝室だから寝室に使う」など、初めから決めつけてしまうとうまくいかないことがあります。

というのも、家族にはそれぞれの個性やくせ、動きがあって、必ずしも決まった部屋のコンセプト通りに行動しないことがあるからです。

なぜか部屋が使いづらい、家族の動線がぶつかる、イライラするというようなときは、部屋のコンセプトと人の動きが合っていないことがあります。

身近な例でいえば、エアコンの温度設定の問題があります。ご主人は暑がりで、夏はエアコンの温度を思いきり下げないと眠れない。一方、奥様は冷え性なので、エアコンをつけると寒くて眠れません。

夫か妻、どちらかが我慢しないといけなくなるので、夫婦の間のいざこざが耐えません。これは部屋のコンセプトを「夫婦の寝室」にしているからです。

でも部屋のコンセプトを「ご主人の部屋」にしたらどうでしょうか。そして奥様は別の部屋に移動してもらって、そこを「奥様の部屋」にする。そうすれば、エアコンの温度でもめることもなく、それぞれが快適に過ごせます。

「そんな部屋の余裕はないよ」という場合は、たとえば夏の間だけ、奥様が子ども部屋に移動して、「奥様の夏の別荘」にする方法もあります。

この部屋は夫婦の寝室だから、寝室として使わなければいけないというのは思い込みにすぎません。一戸建てやマンションでも、「ここは寝室」「ここは子ども部屋」というようにだいたい部屋の用途は決められて設計されていますが、あくまでもそれは建てたほうの都合。

部屋のコンセプトを決めるのは、その家で暮らす家族です。思い込みを捨て、ひとりひとりの人や行動に合わせて柔軟に部屋のコンセプトを変えていけばいいのです。

こんな家もありました。ご主人が仕事から帰ると、そのへんに靴下や上着をポイポイ脱ぎ捨てて、リビングでくつろぐのです。玄関は1階。リビングは2階。家族の衣類を収納する部屋は3階です。

ご主人は3階まで上がって着替えるのが面倒くさいので、そのへんに脱ぎ捨てて、楽な格好になります。一方で、奥様はそれがいやでいやでたまりません。このケースをどう解決したのかというと、玄関脇の納戸を「ご主人の部屋」にして、スーツはもちろん、下着やパジャマまで、すべてそこで着替えができるようにしたのです。

仕事から戻ったご主人は、玄関をあけるとその横の「納戸あらため夫部屋」に直行。着替えをしてから2階のリビングに上がるようになりました。納戸を「夫専用の部屋」というコンセプトに変えたことで、ご主人の動線も短くなり、衣類が散らかることがなくなりました。奥様のイライラも解消されたのです。

みなさんも一度、部屋の用途を見直してみてはいかがでしょうか。家族の動きや生活と合わない使い方をしているかもしれません。

なお部屋のコンセプトは、家族のライフスタイルとも密接な関係があります。子どもが巣立ってしまった子ども部屋は、いつまでも子ども部屋である必要はありません。子どもがいなくなったら、子ども部屋のコンセプトは変えて、「ご主人の書斎兼趣味部屋」とか「奥様のアートフラワーのアトリエ」など、家族の状況に合わせて柔軟に変えていけばいいのです。

CHAPTER 3

物を寄せて更地をつくり、がらりと景色を変える

更地をつくるのは景色を変えるため

物を捨てずに、すっきりした暮らしを実現するために、この章では、具体的なやり方を示していきます。古堅式の片づけの基本は

物を寄せる→寄せた物を埋める

の2つだけです。この方法なら何ひとつ捨てなくて済みます。最初は物を寄せること。寄せて何をつくるのかというと、更地をつくるのです。

更地などつくらなくても、物を整理しながら順番に片づけていけばいいではないか、という方もいるかもしれませんが、それは片づけられる人の発想です。物があふれて、

片づけられなくなった人に、順番に片づけていくというやり方はほぼ通用しません。もちろんやってできないことはありませんが、膨大な時間がかかります。その途中で挫折して、片づけを放棄《ほうき》してしまうことになりかねません。だから

物から片づけない。スペースから片づける

ということです。「いる」「いらない」と物の選別をしている限り、片づけられない人は永遠に片づけられない。だから、「物ではなく、スペースから片づける」「物ではなく、スペースと向き合う」という感覚です。

具体的にいうと、物を寄せて、更地を出現させるのです。なぜ更地をつくるのかというと、更地には心を動かす効果があるからです。心が動くと行動が変わります。行動が変わると、新しい景色をつくることができます。

私は今まで数えきれないほど更地をつくってきましたが、更地の効果は絶大です。物がない空間を前にして、人はここに引っ越してきたばかりの、新鮮でワクワクするあの感覚を思い出すのです。

「あなたはここで、こういうすっきりした生活をしたかったんだよね」「物が増えちゃったから、あんな空間になっちゃったんだよね」「もう一度、あの物だらけの生活に戻りたい？」と私はいつも心の中で依頼主に語りかけています。

誰だって、最初から物だらけの雑然とした空間で暮らしたいわけではありません。「こんな空間に住みたい」という理想の景色をもっていたはずです。その忘れていた夢を蘇《よみがえ》らせるのです。

リビングに自分のふとんを持ち込んで暮らしていた年配女性がいました。家族の迷惑もかえりみず、「私はこの生活が便利なの」と豪語《ごうご》していたご婦人でしたが、その方でも、リビングの物を別の部屋に寄せて、更地をつくり、そこに部屋のコンセプトに合う物を集めて景色を変えたところ、心が動いたのです。

こうして景色を変えたあと、「あなたはこの部屋で何がしたかったんですか？　リビングで寝たかったんですか？」と聞いたら、「この家に引っ越してきたとき、人を呼んで大好きな料理を振る舞いたかったんだ！」と本来の夢を思い出してくれました。

生活している間に、自然に物が増えてしまった。家族がいれば、家族の物も増えてしまった。だから片づかない空間になってしまったのだとしたら、誰かが悪いわけではありません。

「いったんゼロにして、もう一度ここに引っ越してきたあの頃に戻ろうよ」

寄せて、更地にして、場所も心もスタート地点に戻す。そして新たな気持ちで新しい景色をつくり出す。それが私のやり方です。

寄せた物のことはあとで考える

寄せるときは、何も考えずにガーッと寄せてかまいません。特に片づけがなかなか進まない人は、頭を空にして、大胆に寄せるという〝荒技〟を実行してください。そのあとのことは、寄せてから考えればいいのです。

でも、できれば「ここはこんな空間にしたい」というコンセプトがあったほうが、そのあとの片づけも早いでしょう。コンセプトがあれば、物を寄せるとき、寄せる物と残す物のおおざっぱな取捨選択ができるからです。

「この部屋は子どもの勉強部屋にする」と決めれば、子どもの勉強部屋に必要な物だけ残して、それ以外の物は一気に寄せてしまえばいい。

子どもの部屋にお母さんの衣類があったら、無条件で寄せることができます。「この洋服は、ふだん着るので必要なんです」と思っても、そこでいちいち仕分けをしない。そういうことをしているから片づけが進まなくなります。

目的は、寄せて、更地にして、必要な物だけを置いて景色を変えること。それ以外の寄せた物のことはあとで考えましょう。

寄せた物は、どこかに仮置きする部屋をつくって、一時的に保管するのが理想です。もし収納に余裕があってあいていたら、そこに押し込んでしまってもかまいません。部屋に物を散らかす人のなかには、往々にして、収納がスカスカのことがあります。そういう収納を利用するのです。

寄せた物のことはあとからゆっくり考えるとして、まずは寄せることだけ考える。

どこにも寄せる場所がないときは、部屋のすみにかためて置いたり、最終手段として家具の後ろに隠してしまうこともあります。たとえば大きなタンスを手前に動かして、その裏側に寄せた物を押し込んでしまう。なんとも大胆な荒技ですが、これくらいの感覚で物を寄せてください。

物がパンパンなら、まずは半分更地にする

「そうはいっても、うちは物がパンパンで寄せることさえできない」という人もいるでしょう。そういうときは、とりあえず部屋の半分だけ更地にすればいいのです。

極端な話、ガーッとブルドーザーで押し出すように、物を部屋の半分に寄せ集めてしまう。見る人が見たら、片づけでも何でもなくて、「ただ物を部屋のこちらからあちらに移動させただけじゃないか」ということになります。

それでいいのです。目的は更地をつくること。そうすれば、人の心が一気に動くからです。

片づけられない人は、物をひとつひとつ眺めては「これはいるかな」「これはとっておこうかな」「でもこれをとっておくと物が増えるし……」と迷ってしまい、なか

なか行動に移せません。**「いる」「いらない」という物の仕分けが、片づけという行動にストップをかけてしまう**のです。

でも物を寄せるだけなら、何も考えずに行動できます。そして寄せて、更地が現れ、景色が変わり始めると、物の仕分けもスムーズにできるようになるのです。

あるお宅で、息子さんの部屋の片づけがなかなか進まないお母様がいました。趣味のＤＶＤや漫画がこれでもかとあふれ、そこに衣類やバッグ、雑貨やペットボトル、お菓子など雑多な物まで加わって、〝ゴミ屋敷〟一歩手前の混沌《こんとん》としたありさまです。

他人から見ればみなガラクタですが、息子さんからすれば宝物。「ぜったいに捨てさせないんです」と、お母様もお手上げの状態でした。

そこで、ひとまずその部屋にある物を一気に部屋のすみに寄せることにしたのです。ベッドで挟んで手前は更地、奥半分は寄せられた物の山、という状態になりました。

更地を見ると清々しい気分になるのですが、目を反対側に転じると〝物の地獄〟が待っています。息子さん立ち会いのもと、更地のほうは息子さんの希望を取り入れて、趣味のＤＶＤやゲーム、漫画を並べるミニ図書館のような空間をつくりました。

息子さんがお気に入りの選《え》りすぐりの作品がずらりと並んでいて、その場所は後光《ごこう》がさしてまるで天国のようです。憧れの景色ができて、息子さんは小躍りしそうな雰囲気でした。

でも、今度は〝地獄〟のほうが気になって仕方ありません。今までその〝地獄〟で平気で暮らしていたというのに、景色が変わると心も動いてしまったのです。

それまでぜったいに自分の物を処分させなかった息子さんが、「これはいらない」「これはみんな売る」と、自らすすんで〝地獄〟の物を片づけ始めました。そして気づいてみると、かなりの物を片づけることができたのです。

更地ができて、景色が変わると、不思議と人は物を処分したくなります。なぜなら新しくできた快適な景色を維持したいと思うからです。

どんなに物に執着し、あれもこれもとっておきたがる人でも、**半分天国、半分地獄を目の前にすると、意識ががらりと変わります。**

今まで幾度となく見てきた光景です。

一カ所、片づける場所を決める

片づけを始めるのは家全体、ではなく、最初はひと部屋だけ、あるいは一カ所だけでもいいと思います。手をつけるのは、自分も含めて家族がいることが多い場所、すなわち、**家族の共有スペースのリビングからがいいでしょう。**

というのも、片づけに勢いをつけるには、みんなが知っている景色が変わることが大きいからです。

みんなが使う場所なので、リビングの景色が変われば、見た目のインパクトも大きいし、家族の反応も大きいはずです。

また、もしその家が抱えている固有の問題があるなら、そこから手をつけてもいいでしょう。たとえば、子どもが受験を控えていて勉強する環境を整えたいなら、子ども部屋から始めるのがいいし、体調をくずしている人がいるなら、ぐっすり眠れるよう寝室から手をつけるのもいいでしょう。

反対に、**最初にやってはいけないのは、収納の中の片づけです。**

収納の中や引き出しの中をいくら片づけても、部屋の中がぐちゃぐちゃだったら、景色は1ミリも変わらず、昨日と同じ。誰も喜びません。「片づけても片づけても、家は散らかったままなんです」というのが最悪の状態です。

そうならないためには、収納や引き出しの片づけはあとまわしにして、まずは空間の見え方を変えるほうが先です。間違っても、いちいち物に向き合って「いる」「いらない」の〝地獄〟に陥《おちい》ってはいけないのです。

「物からではなく、スペースから片づける」でしたね。思い出してください。

あるお宅で、物だらけの子ども部屋に悩んでいるお母さんが、延々と物の整理を続けていたことがありました。子ども部屋の環境を整えて、中学受験に備えたいと思ったからですが、なかなか思うように片づきません。というのも、子ども部屋にあった収納ケースから手をつけてしまったからです。

収納ケースがますます片づけられない家をつくる、というお話は第1章でしましたが、まさにその家は典型で、家中の至るところに収納ケースがあり、子ども部屋にも10個の収納ケースがあって、部屋のかなりの部分を占めていたのです。

そこでお母さんは収納ケースの中身の整理に取りかかったのです。ケースに入った子どものおもちゃや参考書、プリント、テストなどを延々と整理し続けて、10個あった収納ケースが7個まで減ったそうです。

でも10個が7個に減ったところで、何かが変わるでしょうか。あいかわらず、子ども部屋には物があふれ、勉強するスペースがありません。

私がこのお宅をどうしたのかというと、収納ケースも含めて、子ども部屋にあった物だまりをすべて別の部屋に寄せて更地をつくり、景色を変えたのです。

子どもは広々とした部屋に大喜び。部屋の中央で何度もでんぐり返しをしてはしゃいでいました。机のまわりもすっきり片づいて、教科書や参考書もひと目見てわかるように並べたので、机に向かう時間が今までの何倍も増えたそうです。

収納の中身をいくら片づけたところで、景色は変わらないし、スペースもできません。物と向き合うのではなく、家族コミュニティの問題と向き合い、状況が変わるような変化をもたらさないといけないのです。

まずはひと部屋。ひと部屋が無理だったら、一カ所でもかまいません。物を寄せて、更地をつくってしまいましょう。たとえばダイニングテーブルの上だけは片づけようとか、ソファーの上だけ更地にするのでもかまいません。

ひとつぐらい片づいた場所があったらいいんじゃない？

それくらいのおおざっぱなとらえ方でいいと思います。

「あれ？　部屋、きれいになった？」と家族の間に変化が表れるような、見た目の変化が片づけに弾みをつけるのです。

「あれ？　髪切った？　若返ったね」と言われると、テンションが上がってますますおしゃれに気を配ろうと頑張るのと同じですね。

更地を再び物置き場にしない

物を寄せてできた更地は、人が暮らす場所です。新たな物置き場ではありません。でも片づけられない人は、放っておくと、せっかくできた更地に、また次々と物を置いてしまう傾向があります。

少し前になりますが、家中、子どもや家族の服だらけで、服で埋もれている家の片づけに行ったことがあります。そのときは服を処分してもいいということでしたので、60袋近いゴミ袋に膨大な量の服を入れ、業者に引き取ってもらいました。

服を処分したことで、子ども部屋には広々としたスペースもできました。以前は子ども部屋にも、家族の洋服や雑多な物など、子どもの物以外の物が所狭しと置かれていたのですが、整理された子ども部屋にあるのは、子どもの物だけ。

押入れの中には衣類や学校の道具をきちんと片づけられる場所ができ、帰ってきたらすぐに机の前に座って、勉強がしたくなる環境になりました。

それから3、4カ月して、その家の様子を聞く機会がありました。なんと、せっかくつくった子ども部屋のスペースに、大きな二段ベッドを入れたというのです。

「スペースがあいたので、前から欲しかったベッドを入れたんです。でもベッドが大きすぎて、押入れが使えなくなってしまいました。先生、何とかしていただけませんか」と言われて、私はあいた口がふさがりませんでした。

つくった更地をまた物で埋めてしまっては、何のための片づけだったのでしょうか。

この更地は、子どもがのびのびと暮らし、遊び、勉強するためのものです。そのためにも「この部屋をどうしたいのか」という最初のコンセプトづくりが重要なのです。

「ここは子どもが落ち着いて勉強できる場所」というコンセプトがあれば、巨大な二段ベッドで部屋を占拠してしまう発想は起こらないでしょう。

できた更地は新たな物の置き場所ではない。

心しておきましょう。

物の場所と暮らしを分ける

せっかくできた空間をまた物で占拠してしまう。

こういう人は、物の場所と暮らしを分ける意識が必要です。物と暮らしを分けないでいると、暮らす空間の中に物の収納を増やしてしまい、結局物の中で暮らすことになります。

先日依頼を受けたのは、2LDKの素敵なマンションにひとり暮らしをされている方でした。8~9ページのCASE3でご紹介しているお宅です。ご自宅でお料理サロンを開いたり、料理のケータリングをしているそうで、家にはしょっちゅう人がやってきます。

ですから、サロンに使うリビングダイニングは、モデルルームのように素敵にコーディネートされていました。

一方、玄関から入ったすぐの洋間は物置部屋になっていました。衣類を入れる巨大な家具が部屋のほとんどを占め、季節の洋服などもここに置かれていました。

また、リビングダイニングに隣接する洋間は引き戸がしまっていて、人から見えないようになっていましたが、引き戸をあけると、物が雑然と置かれたバックヤードでした。サロンやケータリングで使う食器、クロスなどを置いた棚や、自身が着る衣類などもラックに並んでいました。

問題は、彼女が寝る場所でした。ふだんはリビングに隣接するバックヤードの棚の前のわずかなスペースにふとんを敷いて寝ています。でもそこでは熟睡できず、時にはリビングダイニングにふとんを持ち出して寝ることもあるそうです。

以前はベッドがあったのですが、物が増えてベッドが置けなくなって処分してしまったそうです。それからはふとんを持って、あちこちあいたスペースで寝ているとのこと。

片づけられない人は、物の中で寝ている人がとても多いのです。こんな環境の中ではゆっくり体を休めることもできないでしょう。

「寝床がいつも放浪《ほうろう》していて、自分の家のような気がしない。くつろげる空間が欲しい」というご本人の訴えも、たしかに、とうなずけるものがありました。

この方の家はリビングダイニングだけを見ると、きれいに片づいて見えました。でも、肝心のここで暮らす人の生活が根無し草の状態でした。物があふれた中で、寝る場所が放浪していることが彼女の生活の質を落としていたわけです。私は「寝る場所」と「暮らす場所」を分けることを考えました。

この家をどう変えたのかというと、玄関脇の物置部屋にあった巨大な家具をリビングダイニングに隣接する洋間に移動させて、間仕切りにしたのです。そして間仕切りの向こう側は、料理の仕事に使う食材や道具などの物を置くバックヤードにしました。そして巨大な家具がなくなった玄関脇の洋間をいったん更地にして、そこに彼女の寝る場所をつくったのです。もう放浪しなくてもいい、決まった寝床のスペースを見て、その方はほっと安心した顔をされました。

物の場所と暮らす空間を分けるだけで、暮らしはまったく変わります。

「寝る」「食べる」という当たり前のことがちゃんとできる空間を確保すること。

そのための更地であり、そのための空間です。物に埋もれて暮らしている人は、物と暮らす場所を分けるという観点から更地を見ていただけると、更地の使い方もイメージできるのではないでしょうか。

大好きな物は残し、それ以外を寄せる

とりあえず、「寄せて更地をつくりましょう」と述べましたが、部屋のコンセプトがはっきりしているときは、必要な物は残しておきましょう。更地にしてからコンセプトを考える場合でも、大好きな物があれば、とっておくことをおすすめします。

もちろん、選別に時間がかかりそうなら、何も見ずにとりあえず寄せてしまってもかまいませんが、大好きな物を見えなくしてしまうと、どんな部屋にしたいのか、コンセプトがしぼりにくくなることがあります。

引っ越したばかりのお宅で、家が片づかないという相談を受けたことがありました。娘さんからの相談でしたが、部屋が片づいていないので、友だちを呼べないというの

です。

娘さんの部屋を拝見させてもらうと、ダンボールがいっぱいです。「友だちが来るので、あわてて物をダンボールに入れて隠したんです。でも今度はダンボールがいっぱいになってしまって、結局、友だちを呼べませんでした」と言います。

たしかにこの部屋に友だちは呼べません。簡単に解決するには、ダンボールをすべてどこかの部屋に移動させ、娘さんの部屋にスペースをもうけることでした。あいたスペースの景色がきれいに整えば、友だちを呼べる部屋になります。

でも、私はダンボールの中身が気になりました。「何が入っているの?」と聞くと、「私、宝塚歌劇の大ファンなんです。大好きなタカラジェンヌの写真やグッズがいっぱい入っています」と答えます。

「だったら友だちを呼べる部屋より、あなたが大好きな物で囲まれている部屋にしたほうがいいんじゃないの? 友だちを呼びたかったら、あなたの個室ではなく、リビングでもいいわけだし」と私は提案しました。

せっかく大好きな物があるのに、それをどこかに追いやって、自分の部屋を友だちを呼ぶための応接間にする必要はないのです。

たぶん娘さんは、片づける＝物を減らす、または見えなくすること、だと思っていたのでしょう。でもそれでは理想の空間になりません。私の**片づけの目的は、空間をその人にとっての理想の景色につくり変えること**です。宝塚の大ファンなら、タカラジェンヌのグッズで部屋を埋め尽くしたいはず。

「本当は友だちを呼べるきれいに片づいた部屋にするより、大好きな〝推《お》し〟のグッズでいっぱいにしたいでしょ？」と聞くと、娘さんは初めてそのことに気づいたようにうなずきました。

私は娘さんの部屋のダンボールを全部あけて、宝塚のグッズを取り出し、オール宝塚のめくるめくような部屋に変えてしまいました。大好きな物であれば、その物で部屋が埋め尽くされていても、ほかの家族に迷惑がかからない限り、まったく問題ないと私は思います。

同じ「物に埋め尽くされている部屋」であっても、ダンボールに囲まれているのか、自分がときめくような物で囲まれているのかで、気持ちはまったく違います。

片づけを「物を減らしてすっきりした空間にする」という目的にしてしまうと、そのために自分が大好きな物でさえも収納やダンボールの中に隠したり、見えなくする必要が出てくるでしょう。

でも、本来、自分の部屋は「自分がやりたいことを突き詰めるスペース」だとすれば、自分の好きな物でいっぱいにして、ときめく空間にすればいいのです。

6〜7ページで紹介したお宅は、フレンチの小物やカゴが大好きな奥様でした。でも、好きな物の中に雑多な物が混じってしまい、フランス風の部屋をつくりたい、という理想とはほど遠い散らかった状態になっていました。

特に多かったのがプラスチック類です。そこで大好きな雑貨だけを取り出し、あとは寄せて別の場所に埋めてしまったら、かわいらしいフレンチの空間ができあがったのです。

大好きな物は隠してしまわず、表にどんどん出していかないと、自分がどうしたかったのか、どう生きたかったのか、わからなくなってしまいます。

寄せた物は物置部屋にコの字で並べる

ところで、盛大に寄せてしまった物の行き先はどうしたらいいのでしょうか。一番いいのは、**物を置く専用の物置部屋をつくること**です。

「そんな部屋の余裕はないっ！」という人が多いのですが、結局ほかの部屋も物がいっぱいで片づかないのであれば、部屋をひとつ物置部屋にしてしまっても同じことではないでしょうか。それでほかの部屋が片づくのなら、ひと部屋を物置部屋としてつぶすのもありだと私は思います。

物置部屋の候補は、あまり使われていない部屋。たとえばリビングから一番遠い〝僻地〟の部屋は、意外に使用頻度が低いので、そういう部屋もねらい目です。

前にも触れましたが、「寝る」「食べる」場所はぜったいに必要です。でもそれ以外の部屋は、**理想の空間をつくり出すために、ある程度犠牲になってもよし**とする割り切りも必要でしょう。

猫や犬をたくさん飼っていて、リビングがペットのグッズやそのほかの物であふれかえっていたお宅に片づけにうかがいました。近々、息子さんが結婚して、同居するかもしれないということで、急きょ、リビングの片づけに迫られたとのこと。

そのときは、リビングにあった膨大な物たちをすべて、3階にある奥様の部屋に移動させました。つまり奥様の部屋を物置部屋にしたわけです。「リビングをきれいにするためなら、私の部屋が犠牲になってもいいわ」と奥様は割り切っておられたので、片づけはスムーズでした。

優先順位は何かを考えることも大事です。

ひと部屋確保できたら、そこに寄せた物を集めます。ただ、何も考えずにうずたかく積んでしまうと、もう見たくもない場所になりますので、できれば**動線を確保して、部屋全体をラウンドで歩けるような置き方をします。**

寄せ部屋に寄せた物を「コ」の字に置く。置き方に秩序があると後々片づけやすい。

どうするのかというと、入り口から入って、両サイドと奥の壁に「コ」の字になるように、壁にくっつけて物を置きます。そうすると、真ん中にスペースが生まれますので、そこにひと山、アイランド状に物を置くのです。

こうすると、アイランドを中心にぐるりと部屋を一周できます。うずたかく積み上げてしまうと、下のほうに何があるかわかりませんし、部屋の奥のほうまで進入できないので、寄せた物はまったく動きません。

でも、物が「コ」の字とアイランドに並んでいれば部屋に入って点検ができるので、何が置かれているのかを見ることができます。

私が置く場合は、「ぜったいに捨てたくないが、一生使わない物」はダンボールや収納ケースに入れ、中身がわかるように書いて部屋の一番奥。処分する予定がありそうな物や、見れば捨てられそうな物は目立つように手前に置いておき、棚やワゴンを利用して、見えるように並べておきます。こうすれば物が目に入りやすいので、「あ、これはもういらないや」という判断ができます。

また、布類、食器類、紙類などのように、物ごとにある程度カテゴリー分けして並べておくといいでしょう。〝敗者復活〟ではありませんが、たとえば食器が必要になったとき、物置部屋に行けば「あ、これ、使おう」という物が出てくるかもしれません。

カテゴリー分けしている余裕がなければ、いったん物置部屋に集め、動線を確保して、そのまましばらく寝かせておいてもかまいません。時間があるときに、カテゴリーごとに整理していけば、物置部屋も立派なバックヤードになります。

寄せる部屋がないときは、家具で仕切るセパレート方式

どうしても寄せる部屋がないときは、部屋を家具で仕切って、物を置くスペースをつくる方法もあります。私はこれを**「セパレート方式」**と呼んでいます。

奥様の部屋の半分を物置部屋にしようとしたお宅がありました。その際、寝る場所をどうするか、という問題が起きました。奥様の部屋にはもともとベッドがありましたので、奥様を物の中で寝かせるわけにはいきません。「寝る」場所と「物」の場所は分けないと、生活の質が下がります。

そこでどうしたのかというと、部屋を家具で仕切ったのです。

家具で仕切った部屋の手前は奥様の寝室、奥は物の置き場所です。こうすれば、物置スペースと寝る場所をきちんと分けられます。

大きな収納家具を造りつけのクローゼットの前に持ってきて、向かい合わせに配置すれば大量の物が収納できるバックヤードに。

家具で仕切るバリエーションとしては、収納スペースの前に、向かい合わせにタンスを置いてしまうこともあります。

タンスというと、壁にくっつけて置くという固定観念がありますが、その思い込みは捨ててください。

クローゼットなどの前に、少し空間をあけて、向かい合わせにタンスを置いてしまう。するとその場所がウォークインクローゼットになります。こうすれば、衣類の収納スペースが広がるので、寄せた物の中でも衣類などはこちらに移動できます。

また、タンスなどの大きな収納家具は、その後ろに寄せた物を隠してバックヤードにすることもできます。

あるお宅の要望が、10畳の和室を完全に更地にしたいというものでした。ところがその和室には収納がなく、また事情があってほかの部屋に物を寄せることもできません。

やむなくタンスを壁から1メートルくらい離して、壁とタンスの間にすき間をつくり、そこに寄せた物を集めることにしました。和室は見事な更地になり、寄せた物もタンスの後ろに隠れて見えないので、依頼してくれた方はとても満足されました。

また、収納ケースがありすぎて、どの部屋にも収納ケースが置いてあるという景色の悪いお宅を訪問したときは、収納ケースをまとめて和室に移動し、収納ケースで壁をつくってその後ろに物を寄せたこともあります。

寄せる部屋や場所がなくても、家具の後ろにスペースをつくれば、物を寄せられます。ひとまず寄せて更地をつくり、理想の暮らしをイメージしながら、空間をつくってください。

空間にはエネルギーがたまる

いろいろな家を訪ねて感じるのは、家の空間にその家のエネルギーがたまっているということです。これは感覚なのでうまく表現できないのですが、物に占領されている家は物のエネルギーで人が押しつぶされている感じがします。

長くその中で暮らしていると、自分が物のエネルギーにつぶされていることもわからなくなります。なんとなく体が不調だったり、家族の仲がギスギスしていたり、いつもイライラして気が休まらないのは、知らず知らずのうちに物のエネルギーに押しつぶされているせいかもしれません。

物を寄せて更地にするのは、物のエネルギーをいったんゼロにすることです。

知り合いの会社のオフィスが都内にあります。元写真スタジオだったこのオフィスは、広い空間をショールームとして使い、その一角にデスクを置いて、事務作業をしています。

起業した当時は、いろいろ忙しくてオフィスのレイアウトを考えている時間もありませんでしたが、とりあえず、備品など必要な物は部屋のすみに棚を置いて寄せてありました。

だんだん余裕ができて、大きな机や座り心地のよい椅子に買い替え、いつでも気軽に人が集まれる空間ができあがっていったとき、寄せた物をどうしようかという話になりました。このままにしておくのも、視界に入ってしまうので気になります。

そこで、以前からあるバックヤードに棚ごと移動させたのですが、今度はそのバックヤードが散らかって、使いづらくなってしまいました。

「玉突き事故みたいだね。今度はこのバックヤードを何とかしなきゃいけないね」ということになり、私も加わってみんなが使いやすい物の置き方を考えたのです。

よく使う物は、手が届きやすい「ゴールデンゾーン」に置き、作業する場所と近いところに物の置き場所を決めました。

そうやって、目の前の景色の気になるところから、できる範囲で片づけていったところ、気がつけば、居心地のいい空間ができあがっていたのです。

不思議なことによい空間ができあがると、質のよい人たちが集まるようになりました。会議をしていても、アイデアがどんどん生まれます。空間にたまるエネルギーが変わったのです。

物が動くと、場の空気が変わり、エネルギーの質も上がります。

知り合いの会社は今、業績も順調で、活気あふれる雰囲気に変わっています。

暮れになって、もうひとつうれしいニュースが飛び込んできました。以前、私が片づけに行ったお宅で、ご主人が出世したという報告を受けたのです。

私が訪ねたときは家中ぐちゃぐちゃで、手のつけようがない感じでした。仕事が忙しく家を留守にしがちなご主人も、その状況を見て見ぬふりをし、あきらめているようでした。

その家には3回に分けてうかがい、どの部屋も「寄せて、埋めて、景色をつくる」ということを繰り返しました。

その結果、家中すっきり。汚《お》部屋だったご主人の部屋も大統領の執務室かと見違えるほどの、グレード感のある書斎に変わったのです。ご主人はもともと勉強家でもあったので、きっとその部屋でスキルアップの勉強に励んだのでしょう。

このたびめでたく昇進し、ご主人もハッピー、家族もハッピー。さらに幸せ家族に生まれ変わりました。家が変わったことで、家族が変わり、人が変わり、人生が変わったのです。

ただ物を動かしただけ。物の置き場所を変えただけ。

でも物を寄せて、景色を変えれば、空間にたまるエネルギーも変わります。するとそこにいる人たちの生活や人生も変わっていくのです。

CHAPTER 4

掘って、埋めて、散らからない部屋をつくる

物には「動く物」と「動かない物」がある

この章では、寄せた物の行く末について、もう少し突っ込んで考えていきます。寄せた物を物置部屋で寝かせておくのはいいのですが、その中には一生使わない物もあります。

たとえば思い出の物や、人からのいただき物、使わなくなったけれど愛着がある物など「使わないがとっておきたい物」はいろいろあるでしょう。そうした物は、これから何年経っても動かず、岩のようになって置かれた場所にあり続けます。

だとしたら、そうした〝岩〟を部屋の中に置き続けたり、〝岩〟で収納の便利な一等地を占拠させてしまうのはおそろしくもったいない気がします。

動かない物は、たとえ庭に埋めてしまってもまったく困らないはずですから、取り出すのにたいへんな収納の奥や、手が届きにくい天袋など、いわゆる「デッドスペース」に入れるか、あまり使わない〝僻地〟の収納に封印してもいいでしょう。

これを私は「埋める」と言っています。庭に埋められないから、収納の奥深く埋めてしまう。つまり、

埋めるとは、物を寄せて、埋めていい場所に物をおさめること

をいいます。

ここでちょっと収納に関する誤解を解いておきたいと思います。収納は使わない物を入れて、隠す場所ではありません。なぜか、収納は「物を隠してなかったことにするところ」と勘違いしている人が多いのですが、まったく逆です。

もちろん収納の奥深くのデッドゾーンは、物を埋めて隠す場所です。でもそれを除けば、収納は物を置いて出し入れする場所なのです。特に取り出しやすいゴールデンゾーンは、よく使う「動く物」を入れておく場所です。

デッドゾーンに埋めるのが〝岩〟、つまり「動かない物」だとすると、「動く物」は

収納の取り出しやすい場所に置いておかなければなりません。「動く物」と「動かない物」で収納のエリアの使い方を振り分ける。何でもかんでも収納にぶち込まない。これが収納の正しい使い方です。

ところが片づいていない家に行くと、「動かない物」が収納の中にめいっぱい入っていて、さらに入りきらない「動いていない物」と「動く物」がごっちゃになって外に出しっぱなしになっていることがとても多いのです。

人がいる場所に〝岩〟を置いたら、物があふれるのは当たり前。

だから「動く物」と「動かない物」は分けて置かなければなりません。

あるお宅で、リビングにあるもっとも使いやすい収納スペースに、ダンボールがぎっしり入っていて驚いたことがあります。

中身を聞いたら、子どもの小学生時代の物とか、客用のふとんとか、引き出物などもらい物の数々でした。「それ、ここで必要？」と思わず私は聞いてしまいました。

子どもはすでに高校生。小学生時代の物などまったく必要ありません。お客さんも

1年に一度実家の両親が訪ねてくるかどうか。客用ふとんの出番はほとんどないといっていいでしょう。趣味に合わないもらい物などは、さっさとフリマアプリで処分してしまえばいいと思うのです。

使い勝手がいいこの収納が〝岩〟でいっぱいだから、リビングに物が出しっぱなしになり、散らかってしまうのです。

収納は、ふだん使う物を入れておく場所です。

ですから、このお宅の場合は、リビング収納を占拠していた〝岩〟たちを、すべて北側のあまり使っていない僻地の部屋に移動させ、よく使う「動く物」をリビング収納におさめさせていただきました。

散らかりやすいリモコンやティッシュ、薬、メガネ、雑誌、手紙類などこまごました物は〝ざっくりボックス〟（182ページ参照）に入れて収納の中におさめると、それだけで部屋はかなり片づきます。

なお、この場合の「収納」とは、もともと部屋にある収納スペースや押入れなどのほかに、食器棚やサイドワゴンなどの収納家具も含みます。

たとえばダイニングテーブルの上がいつも物であふれている人は、その物たちが帰る場所を、ダイニングテーブルの近くにある食器棚やサイドワゴンの中につくってください。そうすればダイニングテーブルの上はいつも更地の状態でいられます。

ポイントは、物を「使っている現場にできるだけ近いところ」にある収納に入れること。動線が長すぎると、戻しにいくことが面倒になって出しっぱなしになります。

理想は1秒で戻せること。少なくとも3秒以内で戻せること。

それくらいの距離感が、片づかない人にはおすすめです。

収納には、使う頻度に応じて、よく使う物から順番にゴールデンゾーンに入れていきます。すぐ出し入れができるので、出しっぱなしにしないで済みます。

埋めた物も出す意識は残しておく

〝岩〟は収納の奥深くに埋めてしまう。永遠に見ないのであれば、そこで封印してしまってもかまいません。でも、そこまでの物でなければ、一応分類しておいたほうがいいでしょう。

特に細かい物なら、中に何が入っているのかわかるようにして埋めておかないと、何年か経って、「あれ? これ何だっけ?」ということにもなりかねません。奥深く埋めてしまうにしても、「いつか出す」という意識はあったほうがいいと思います。

ですから、理想をいえば、ぎゅうぎゅうに詰めないで、何かあれば取り出せるように入れ方を工夫しておいたほうがいいでしょう。

私がよくやるのは、収納の一番奥を古いアルバムで埋めてしまうことです。アルバムは「動かない物」ですが、永遠に封印するかといわれれば、そうでもないかもしれません。だとしたら、**「ここにある」という気配は感じさせるような埋め方が理想だと思うのです。**

たとえば奥行きのある押入れの奥は完全にデッドスペースなので、そこにアルバムの背表紙を見せて、ずらりと並べておきます。

押入れの手前はゴールデンゾーンですから、よく使う「動く物」が入ります。すると、「動く物」を出し入れするたびに、後ろに何かあるなと気配が感じられます。

韓流ドラマの大ファンで、韓流スターのグッズを山のように持っている奥様がいました。12ページでご紹介したお宅です。経済的にも余裕があるので、すべて大人買い。パンフレットやら、DVDやら、特典グッズやらが死ぬほどあるうえに、チラシ1枚、チケットの半券に至るまで捨てずにとってあります。

ほかにも化粧品やら衣類やら奥様の物がたくさんあるうえ、彼女は1階のリビングで寝起きするという生活スタイルでしたから、家族で使うリビングは物が散乱して、足の踏み場もない状態でした。

まずはリビングの景色を変えなければならないと思ったので、リビングの奥様の物を2階に寄せようとしたのですが、寄せる部屋がありません。やむなく、2階で一番広いご主人の寝室を、今は使われていない娘さんの部屋に移動。ご主人の寝室を奥様専用の部屋につくり替えることにしました。

余談ですが、こんなふうに、家族のライフスタイルの変化に応じて、家族の部屋割りや部屋の用途を柔軟に見直すことも大切です。

リビングに散乱していた奥様の物は2階に寄せることができましたが、量が多すぎてふつうのやり方ではおさまりません。そこで膨大な量の韓流グッズを埋めることにしたのです。

埋めても問題ないと判断したのは、コレクターは物を捨てられないだけであって、持っていれば安心できると思ったからです。「ここにある」というだけで安心する。ならば、お気に入りの物以外は出しておく必要はなく、埋めてもいいわけです。

埋めるのに使用したのは、押入れサイズのふた付きの収納ケースです。引き出し式ではなく、ふた付きタイプの収納ケースはものすごく量が入ります。その代わり、一度入れてしまうとなかなか取り出せません。

下のほうは化石のようになって、まったく動かないでしょう。まさに物を埋めるための最適な収納グッズといってもいいかもしれません。

ここに韓流グッズをどんどん入れていきました。ただし収納ケースは透明なので、中が透けて見えます。それを押入れの一番下に、ケースを積み重ねて入れておきました。

「このケースに大好きなスターのグッズが入っていますから、好きなときに取り出してみてくださいね」と私は言いましたが、おそらく奥様がケースのふたをあけることは未来永劫《えいごう》ないでしょう。

でも押入れをあけるたびにケースが見えて、中に入っているグッズがぼんやり透けて見えます。奥様はうれしいはずです。埋めてしまった物ですが、気配はある。こういう埋め方が理想です。

押入れのめりはりのある使い方

奥行きのある押入れは、物を埋めるのに最適です。でも、すべての押入れが物の埋め場所ではありません。リビングなど人が暮らす場所の中心にある押入れは、「動く物」を置く大事な収納になりますので、「動く物」と「動かない物」を上手に置き分ける使い方が必要です。

知り合いのタレントさんの家の片づけを頼まれたことがあります。彼女には小学生の男の子がいるのですが、この子が持っているおもちゃの数が半端ではありません。しかもその子の要望が「おもちゃを何ひとつ捨てないでほしい」とのこと。なかなかの難問です。というのも2LDKしかない家で、おもちゃの数はあまりに多すぎたからです。

ふつうの人から見たら、「なぜこんなにおもちゃを増やしたんだ」とツッコミが入りそうですが、タレントさんにはそれなりの事情がありました。芸能人ということで、もらい物が多いのです。けっして、むやみやたらと買い与えた結果ではありません。

限られた空間の中で、目に余るほどの量のおもちゃを、何ひとつ捨てずに居心地のよい空間がつくれるか。

私が目をつけたのはリビングに隣接した和室の押入れでした。この押入れは間口が180センチ、奥行きが90センチもある昔ながらの大容量のものです。中をのぞいてみると、スーツケースや思い出の品、防災グッズなど「動いていない物」や「あまり動いていない物」がたくさん入っていました。

生活空間にある収納を「動いていない物」、つまり〝岩〟で占拠してしまうから、物が部屋にあふれてしまう。片づけられない家の典型的なパターンです。

そこで私は、押入れの中にある物をすべて出して、タレントさんが衣裳部屋として使っている別の部屋に移動させたのです。この部屋なら、「衣裳部屋」兼「物を寄せる物置部屋」に変えてしまっても、あまり困らないと思ったからです。

ちなみにここは127ページで紹介したように、物を「コ」の字の形に寄せ、物置部屋の中を回遊《かいゆう》できる形にしました。

一方、押入れの半分は更地にして、ここに子どものおもちゃを集めたのです。今お気に入りのおもちゃは、押入れの中に棚を入れて飾りました。捨てられませんがもう使っていないおもちゃは、透明ケースに入れて押入れの下のスペースに。

いわば、ここはおもちゃを埋める場所です。でもなんとなく気配はあるので、「おもちゃがある」という安心感があります。先ほどお話しした韓流グッズを埋めた家と同じやり方ですね。

押入れの奥行きが深いので、上段手前半分は更地にしてスペースを残しました。このスペースで遊んでもいいし、机代わりにして勉強もできます。いざとなったら、外に散らかったおもちゃをこのスペースに投げ入れて、ふすまの引き戸をしめてしまえば、部屋は片づいた状態が保てます。

このスペースを「バッファゾーン」と呼んでいますが、詳しくは183ページで説明します。

とにかくこの余白スペースを押入れの中につくったことで、おもちゃが部屋に散らからなくなりました。

乱雑に散らかったおもちゃが「部屋に出しっぱなしで見えている状態」と、「押入れの中で散らかっているが、見えていない状態」では、部屋の景色が天国と地獄ほど違います。

押入れにあった動いていない〝岩〟を移動させ、子どもの物を集める。さらに「動いているおもちゃ」はゴールデンゾーンである押入れの上段・下段の手前、「動いていないおもちゃ」は下段に置き、「動いている物」と「動いていない物」を置き分けて収納することで、この家のおもちゃ問題は解決できたのです。

さらに、押入れの右側には「動いている物」を置き、左側には「動いていない物」を集めました。なぜなら押入れは引き戸があるので、引き戸がしまっている側（この家の場合は左側）がどうしても壁になってしまうからです。

このように、**押入れの半分、壁になる側やあけにくい側は、埋める場所に使うといいでしょう。**

なお、押入れの使い方に関しては、16ページでも紹介しています。

「掘る」とは〝岩〟を取り出すこと

物を収納する場所がないときに、私はスタッフによく「収納を掘って」と言います。「掘る」とは文字通り、岩と化した「動かない物」を掘り出してくることです。

生活空間にまったく動かない〝岩〟があると、スペースが狭まるので物が散らかります。だから〝岩〟を動かして、空間をあけるのです。

ふつうは収納の中の物をいったん出して、「動いている物」と「動いていない物」に分けます。そして「動いている物」はゴールデンゾーンに置き、あまり「動いていない物」は押入れの天袋や下段に埋めたり、ゴールデンゾーンの後ろ側のデッドスペースに埋め直します。

掘り出された〝岩〟を依頼主に見せると、運がよければ、「それもういらないわ」と言われます。「あ、こんな物があったんだ。それ、とっとく」となったら、邪魔にならない場所に埋め直すわけです。

片づいていない家は収納の中もたいてい乱雑です。スーツケースがななめになって放り込んであったり、通信販売の空き箱がなぜかたくさん入っていたりします。

年配の方の家だと、使っていない毛布やタオルケット、シーツや衣類がかたまって出てくることもあります。そういう物をいったん掘り出して、きれいに積み重ねて、埋め直すだけでも収納にスペースが生まれます。15ページのお宅のように、七段飾りのひな人形をよく使う押入れから掘り出し、階段下のデッドスペースに埋め直した例もあります。

掘ってスペースをつくり、埋めて、景色を整える。

こうすれば、快適な空間をつくることができます。

CHAPTER 5

快適な景色を維持するための仕組みづくり

景色をキープするには、今までと同じルールではダメ

部屋のコンセプトを決め、物を寄せて更地にし、景色を変える。動かない物は掘って埋める。ここまでできたら、今までの暮らしがウソのように変わることでしょう。

ただし、大切なのはここからです。この景色をこれからも維持できるかどうかです。

散らかる家には、そうなってしまう行動のパターンがあります。

いくら景色をすっきりさせても、今までと同じ行動パターンだとまた前と同じ状態に戻ってしまいます。

ですから行動パターンを変えなければならないのですが、悲しいかな、人は毎日やっていることをなかなか変えられません。

ダイニングテーブルの上は更地にすると決めても、買ってきた物をついちょい置きしてしまう。

紙類の置き場所を決めても、ついこれまでと同じ場所に積み上げていってしまう。

取り込んだ洗濯物を、ついソファーの上に置いてしまう。

その習慣が変えられないのなら、変えられない人を責めるのではなく、散らからないためのシステムを考えたほうがいいのです。

今までのシステムを何も変えずに、景色を維持しようとするから、無理が生じます。

頑張らなくても散らからない暮らし、景色を維持するための仕組みづくりを考えてみましょう。

物の多い人から解決していく

片づかない家をつくっているのは、たいていは物が多い人です。物が多い人は、捨てないし、許容範囲以上の物を家に入れてしまいます。そういう人に、物が多いからと捨てさせようとしてもまず無理です。

よく家族の中で「あなたが持っている物のせいで、家が片づかない」とか「おまえが物を捨てないからこうなるんだ」と、物が多い人を責め、捨てさせようとすることがあります。そうなると必ずけんかになって、家族仲が険悪になります。

私が片づけの仕事でご自宅に入る場合は、持っている物の多い人の話をよく聞くようにしています。量が多いということは、そのぶん、解決しなければいけない問題も多いからです。

家族の誰かが物を捨てず、その人の物が多くて家が片づかないというときの解決策を、いくつか示してみましょう。

① 物が多い人専用の部屋をつくる

一番いい解決策は、その人だけの専用の部屋をつくることです。そこら中にあるその人の物を、ひとまずその人専用の部屋に寄せてしまう。こうすると、ほかの部屋が片づきます。

持っている物の量が多いので、なるべく広いスペースの専用の部屋を与えるのがいいと思います。そのためには、家族の部屋割りの大胆な変更が必要になることもあるでしょう。

たとえば、比較的広い夫婦の寝室は物が多い奥様専用の部屋にして、物が少ないご主人はベッドごとコンパクトな部屋に移ってもらい、そこを書斎にする。子どものおもちゃが多くて片づかないなら、納戸に使っていた部屋を子ども専用のプレイルームに変更するなど、その家の課題にそった部屋割りを考えるといいでしょう。

②境界線をはっきりさせる

物が多い人に専用の部屋を用意しても、放っておくとほかの部屋にじわじわ侵食してくることがあります。特にリビングなどパブリックスペースは要注意です。物がなくなってリビングが快適になると、そこにいる滞在時間が長くなって、また自分の物を持ち込み、物が増える可能性があります。

ですから、専用の部屋をつくったら「この部屋はあなたの好きなように使っていい。どんなに散らかしてもいいから、このスペースから外には物を出さないで」と約束してもらいます。

「ここから物を出してはいけない」という境界線を引いて守ってもらい、その中は〝無法地帯〟にしておく。でも〝国境〟を越えてはいけない。

そうやって割り切ったほうが、物のことでしょっちゅうけんかをしているより、よほど平和で、お互いにストレスなく暮らせます。

③ 物の多い人を否定しない

〝片づけられない女〟や〝ゴミ屋敷〟など、テレビでも物だらけの家をセンセーショナルに放送することがあります。片づけられない人のことを、心の病《やまい》を抱えているとする報道もあります。

私は医師ではありませんから、専門的なことはわかりません。でも仮に物が捨てられないのが心の病だったとしても、平和な暮らしはできるはずです。だから「あきらめないで。物を減らさなくても大丈夫よ」と私は言います。

なぜなら家が片づいていなくてもちゃんと子どもを育て、家事をして、立派に社会生活を営《いとな》んでいるからです。

家が〝ゴミ屋敷〟だからといって、外のレストランに行って、そこで物をごちゃごちゃにするわけではありません。会社のデスクやフロアに物を散乱させて〝ゴミ屋敷〟にするわけでもありません。

きちんとしなければならない場所ではきちんとできる。

そのわきまえはできるのですから、家でもすっきりできる仕組みをつくれば、家族に迷惑はかからないのです。


片づけられない人に、無理やり物を減らすことを強《し》いたり、ダメな人間だと決めつける前に、その人に合った部屋や仕組みをつくってあげたほうがいい。先に紹介した、その人専用の部屋をつくったり、境界線をはっきりさせるのも方法のひとつです。

その人を否定する前に、やるべきことはあると思います。それが家族の思いやりではないでしょうか。認めて寄り添い、支え合う家族が増えてほしいです。

片づかない紙類の扱いはどうするのか

片づけでつまずくことが多いのが、紙類の整理です。紙類は整理にとても時間がかかります。書類や手紙、プリントなど紙類の処理で悩む人は少なくありません。紙類はどうやって片づけたらいいのでしょうか。

①紙の沼にはまるな

紙類は本当にやっかいです。この紙は必要か、必要ないか、1枚1枚見ていくエネルギーと、洋服を1着1着見ていくエネルギーは、まったく同じ労力です。にもかかわらず、紙と洋服では、整理したあとの景色はおそろしく違います。

洋服を20着片づければかなり景色は変わりますが、紙を20枚片づけたところで景色は1ミリたりとも動きません。

一日かけて紙の整理をしたところで、部屋の片づけはほとんど進まないでしょう。紙類の整理の沼にはまってはいけません。紙の整理をする前に、スペースを片づけて、部屋の景色を変えるほうが先です。

私は紙のおそろしさを知っているので、極力、紙類をためないようにしています。子どもたちが小学生の頃、学校からもらってくるプリントもポイポイ捨てていました。今日の給食のメニューがわかったところで、それに合わせて献立を考えられるほど時間の余裕もありません。

万が一、昼と夜でカレーが重なったとしても、それで死ぬわけがない。そう開き直っていた私は、母親失格かもしれません。でも、たまる紙でスペースが占領されて、家族がイライラして暮らすよりずっとましだと思ったのです。

そういう環境で暮らしていたので、私の子どもたちも紙をためません。息子たちが大学受験をしていたときは、こんなに紙がなくて大丈夫かと思うくらい、プリントも答案もあふれることはありませんでした。

本当はテストもちゃんととっておいて、間違ったところは見返すのが理想かもしれませんが、日々覚えることが多すぎて、過去にやったテストの答案を振り返られる子どもなど何人いるでしょうか。

息子たちは大学受験が終わったとたん、残しておきたい参考書や問題集以外、プリントなど紙類をみな処分してしまったので、やはり似た者親子です。それでもまったく不都合はありませんでした。

紙類はごく一部の重要書類を除けば、ぜったいに保管しなければならない物はごくわずかです。

②紙はまとめて紙袋に入れればいい

そうはいっても、何が重要で、何が重要でないかは、人それぞれの価値観によって違います。どうしても紙が捨てられないなら、まとめて紙袋に入れて物置部屋に寄せておけばいいと思います。部屋が片づいたあと、紙類の整理をゆっくりやればいいのです。

紙袋ごとに、学校からのプリント類、公共料金の領収書、手紙類など種類を分けて入れてもいいし、まとめてガサッと入れてしまってもたいして不便はないと思います。

ただ間違っても、その紙袋をダイニングテーブルの上やリビングの床に置かないこと。スペースの景色をつくることが重要なので、1年後半分以上が〝岩〟と化すだろう紙袋は物置部屋に寄せるか、収納の中に埋めるなど、見えないところに置いておくのが正解です。

紙が捨てられないならためてもいいのですが、置いておくのはパブリックスペースではなく、置いても邪魔にならない、扉の中が見えない場所に移動させましょう。

③ファイリングは本当に必要？

紙袋に入れるのは、〝紙の沼〟にはまらないため。部屋を片づけているときに紙の整理に時間をとられないためです。

紙袋に入れた物を整理したくなったら、部屋の景色が変わってから、時間があるときにファイリングするなり、スキャンするなり、ゆっくり整理をすればいいでしょう。

ただ、本音をいえば、「そこまでファイリングは必要なの？」と思ってしまいます。

もちろん家の権利書や契約書など重要書類の保管は必要でしょう。でも家の中にあるほとんどの紙は、ファイリングしてとっておくほど重要な物ではないと思うのです。

きちんとファイリングできているのが素晴らしい人という風潮がありますが、そこまで整理しても、あとでそれほど見返すでしょうか。

あるお宅にお邪魔したとき、部屋の中はぐちゃぐちゃでしたが、収納の中はきれいに整理整頓されていて、ファイリングされたプリントや書類が整然とラベリングされて並んでいるのを見たことがありました。

「この紙の整理をする余裕があったら、部屋を片づけるほうが先でしょう」と思わず心の中でツッコミを入れてしまいました。

目的はファイリングすることではなく、景色を変えること。そして変えた景色を維持することです。ファイリングに命をかけるより、もっと本質的なことに目を向けてみましょう。
1本1本の木を見るより、森全体を見るほうが大切なのです。

④よけいな紙がありすぎると必要な物が出てこない

紙類が多すぎると、重要なお知らせや提出書類、払い込み票など大切な書類が出てこないことがあります。整理していないからなくなるのではなくて、物がありすぎて必要な物が見つけられないのです。片づかない家の「あるある」です。

何十枚、何百枚の紙の中からたった1枚を探し出すのは、時間も労力もかかります。あげくのはて、見つからなかったときの徒労感ときたらありません。大事な物がそうでない物の中に入ってしまうから、ややこしいのです。

「これは重要だ」と思ったら、「その他大勢」にまぎれ込ませないで、ちゃんと分けておきましょう。置く場所を決めてそこに置くか、日頃よく目にするところに貼っておくといいでしょう。

⑤重要な紙は収納扉の裏に貼る

大事な紙類は日頃よく目にするところに貼るといいました。特に冷蔵庫は、マグネットだけでポンポン貼れるのでとても便利です。

学校行事のお知らせや料金の払い込み票など重要な書類だけでなく、ちょっとした買い物メモやレシピまでビラビラ貼っているお宅もあります。

ただ、冷蔵庫にたくさんの紙を貼りつけてしまうのはどうでしょうか。部屋の景色という観点からみても、何とも煩雑《はんざつ》で、景観を損なう気がします。

どうしても冷蔵庫に貼りたいのであれば、正面でなく脇にしておきましょう。

ですが、一番のおすすめは、日常的によくあける収納の扉の内側。扉をあけるたびに貼ってある紙が見えるので、忘れないで済みます。

私も、重要な紙類は、収納扉の内側にマスキングテープで貼ってあります。マスキングテープなら取り外しも簡単だからです。

紙は景色の中に入れないという美意識が、景色を保つうえで大切なのです。

衣類問題を解決する仕組みづくり

景色を壊す原因で、紙の次に上位にくるのが衣類です。脱いだ服を椅子やソファーにポイポイ置く。取り込んだ洗濯物が山になって積み上がっている。ハンガーに何重にも服がかかっている。クローゼットがぎゅうぎゅう……など。

この衣類問題を解決しないと、景色はすぐに壊れてしまいます。衣類が散らからない仕組みづくりについて、いくつか方法を挙げておきます。

① 日々「動く衣類」の動線を短くする

衣類には、下着やシャツのように日々洗濯する物と、スーツやコートのようにたまにクリーニングに出す、つまりめったに洗濯しない物があります。

日々洗濯する物は、脱ぐ→洗濯機→干す→取り込む→たたむ→定位置→着る、という工程を繰り返しています。これだけたくさんの工程が、しかも日々あるわけですから、どこかで挫折して、衣類が定位置までたどりつかない事態は大いに考えられます。

物が散らからない黄金ルールは、作業する場所と収納する定位置をなるべく近くに置くこと。つまり動線をできるだけ短くすることです。

日々動く洗濯物は、洗濯場所と保管場所である定位置との動線を短くする仕組みづくりが重要です。

お子さんが3人いるお宅で、リビングが洗濯物の山になっている家がありました。家族それぞれの個室は3階。その部屋から洗濯する物を1階の洗濯室に持っていったり、洗濯してたたんだ物を3階に持っていくという動線なので、日々、衣類のために1階と3階を往復しなければなりません。

面倒くさくて、途中の2階にあるリビングに衣類の物だまりができてしまったというわけです。

でも、衣類を脱いだすぐ横に洗濯機があれば、どうでしょう。そのまま洗濯機に放り込めます。ついでに洗濯した物もそこで着られれば、わざわざ3階の部屋と往復する必要はありません。

そこで私は、日々動く家族全員の下着と靴下、パジャマの収納場所を洗濯室につくりました。洗濯室で脱いで洗濯機に放り込み、お風呂に入り、洗濯室で着るという仕組みに変えたわけです。

こうすれば、「脱ぐ」「洗濯する」「着る」の3つの動線の長さはゼロ。下着や靴下がリビングに散らかることはなくなりました。

②家族ごとに衣類を分けない

干した洗濯物をたたんで、定位置に戻す際の動線も重要です。この動線が長いと、途中で洗濯物が〝不時着〟します。たたんだ洗濯物をしまう定位置は、なるべく干し場の近くに設定するのがおすすめです。

洗った衣類は、家族それぞれの部屋に収納する人が多いのですが、そうすると、いちいち家族の部屋に持っていかなければなりません。その手間が面倒です。なので、日々動く下着やトレーナー、部屋着などは洗濯物をたたむ場所の近くに収納場所をつくると便利です。

たとえば、洗濯物を干すところとたたむ場所の近くにファミリークローゼットのようなスペースを設けて、まとめて収納すると衣類が散らかりません。

干す→取り込む→たたむ→衣類の定位置、の動線が短くなればなるほど、衣類の散乱が防げます。お子さんが小さかったり、仕事が忙しく家事に時間がかけられない人は特に、夫の物だからすべて夫の部屋、妻の物だからすべて妻の部屋という固定観念は捨ててください。

物が家族の動線を決めるのではありません。動線に応じて、物の場所を決めるのです。

散らからない仕組みづくりのためには、動線を中心に物の置き場所を考える発想の転換が必要です。

③動かない衣類は埋める

衣類の中でも、夏服、冬服など季節の物や、礼服など行事用の物といったあまり動かない衣類があります。また思い出の衣類など、着ないけれどとっておきたい物もあるでしょう。

あるお宅で、穴があいたよれよれのパジャマがあったのですが、持ち主の男性は「このパジャマは亡くなった家内が買ってくれた物だから」とかたくなに捨てるのを拒否したことがあります。

こういう大切な思い出の品は、もちろん捨てる必要はありません。大切にとっておきましょう。

ただ、ほぼ動かない衣類ですから、物置部屋や収納の奥に埋めてしまっていいのです。間違っても、ふだんよく使う収納やクローゼットの中に入れないこと。

「クローゼットがパンパンで入らないんです」というお宅があるのですが、中を見てみると、まったく動いていない衣類が詰め込まれていることが多いのです。

収納は、使わない物ではなく、使う物を入れておく場所。覚えていますね。季節の衣類は、その時季がきたら動かせばいいので、物置部屋の目立つ位置や、埋める場所のできるだけ手前に入れておきましょう。そしてたぶん一生着ないだろうという物は物置部屋や収納のデッドスペースに埋めてしまう。

衣類だからクローゼットやタンスに入れるという発想は捨てて、使う頻度によって収納場所を決めてください。

④物理的に置けなくする

衣類をどうしても定位置以外に置いてしまう人は、**その場所に物理的に衣類を置けなくする仕組みをつくる**、という方法もあります。

あるお宅で、リビングダイニングの室内に物干し場があり、取り込んだ洗濯物をダイニングテーブルの上に積み上げてしまう問題が起きていました。奥様は家族の洗濯物をたたんでそれぞれの部屋に持っていくのが面倒くさい。

だから、ダイニングテーブルの上に取り込んだ洗濯物を置きっぱなしにしていたの

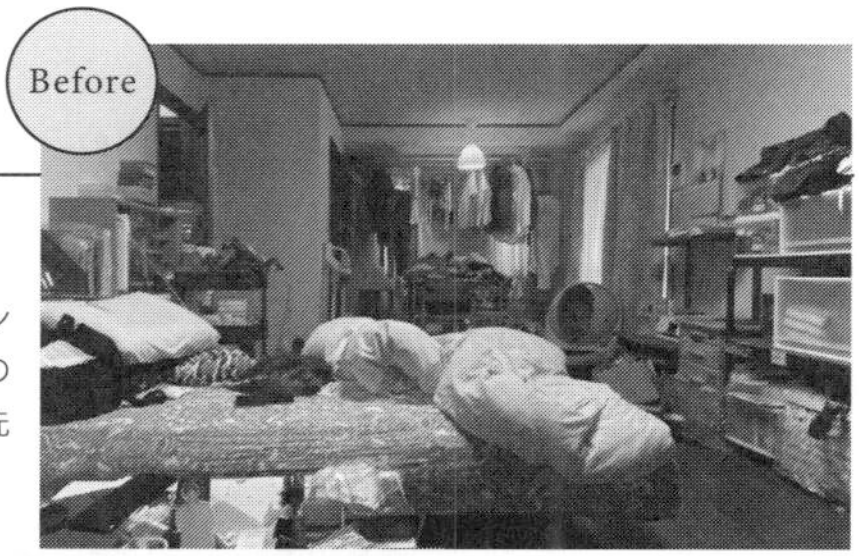

全体的に物が多く、リビングダイニングには洗濯物の干し場がある。奥のダイニングテーブルには取り込んだ洗濯物が積まれている。

ダイニングテーブルを洗濯物の干し場から離し、代わりに小さめの作業台を置いてちょい置きできるスペースに。

です。家族は、その山からめいめい必要な物をとっていく習慣になっていたようです。

洗濯物があるせいで、リビングダイニングの景色は台無しでした。目を上げれば、室内干しの洗濯物がいやというほどぶら下がり、クリーニング屋のようです。ダイニングテーブルの上は取り込んだ洗濯物の山で、食事をするスペースさえありません。

奥様はリビングのソファーベッドの上で食事。同居するご主人と息子さんはそれぞれの部屋で食事をしていたというのです。これでは家族の団らんの時間もつくれません。

この家の問題はたくさんありましたが、洗濯問題が中心を占めていると私は感じました。まずは洗濯問題を解決せねば、と思ったので、その改造から手をつけることにしたのです。

そもそも、家族の共有スペースであるリビングダイニングに洗濯物を干す場所があるのが間違っています。でもご本人の希望で、わざわざそのような設計をしたとのこと。花粉アレルギーがあるので、洗濯物を外に干せないのだそうです。

物干し場の位置は変えられない。つまりリビングダイニングから物干し場をなくすことはできません。

そこで私がどうしたのかというと、ダイニングテーブルの上に洗濯物が置けないよう、強制的にテーブルを物干し場から離したのです。代わりに小さな棚を置き、棚の上にちょい置きできるスペースをつくりました。

このスペースは小さいので、あくまでちょい置きできるのは、1回分の洗濯物程度。以前のダイニングテーブルのように、上にも横にもどんどん量を積み重ねていける広さはありません。

棚の中段は、たたんだ物を置くスペース。かごを用意して、たたんだ物はぜったいにかごに入れるというルールにしたのです。ご主人と息子さんはそれぞれのかごの中から洗濯物を取り出して、自分の部屋に運んでもらうことにしました。

さらに床に物は置かない、ソファーの上にも置かないというルールを家族全員で確認してもらいました。

このルールがどこまで守られるかわかりませんが、少なくとも、面積の大きなダイニングテーブルが洗濯物を干すエリアからなくなったことで、テーブルの上に洗濯物の山をつくるのは不可能になりました。

この家族は久しぶりにそろってダイニングテーブルで食事をしたことでしょう。物理的に物の置き場所を撤去したことで、いつもの習慣が変わりました。これをきっかけに新しい習慣が始まってくれることを私は祈っています。

物が散らからない仕組みをつくる

景色をつくっても、すぐ物が散らかって、景色を崩壊させてしまう人がいます。景色を維持するには、物が散らからない仕組みづくりが大切です。

物が散らかっているとは、物が部屋に出しっぱなしになっている状態です。ということは、物を出しっぱなしにしない仕組みづくりを考えればいいわけです。

①作業する場所の近くに物の定位置を決める

物が出しっぱなしになるのは、物の定位置が決まっていないから。または、決まっていても、その場所が遠くて行くのが面倒だからです。

一番いいのは、何度も言ってきましたが、いつも出しっぱなしになる、まさにその場所に物の定位置をつくってしまうことです。

ソファーの前のテーブルにいつもリモコンが出しっぱなしになっているなら、テーブルのところにリモコンの置き場所をつくってしまう。

テーブルに収納できる引き出しがついていれば理想的ですが、なければ、テーブルにできるだけ近い場所にリモコンの定位置を決めて、そこに置くことに決める。作業や行動が起きる場所と、使った物をしまう場所が近ければ近いほど、すぐに戻せるので、物は部屋に散らからなくなります。

たとえば、いつもアイロンをかける場所の近くにアイロンとアイロン台の収納場所をつくるとか、おもちゃがいつも散らかるのであれば、散らかる場所のそばにおもちゃを戻せる大きめのボックスを置いておけばいいのです。

そのためにも、家族が集まり、家族の物も集まりやすいリビングの収納スペースの使い方は重要です。まったく動かない〝岩〟で、貴重なリビング収納を埋めないようにしましょう。

②定位置に戻せないなら、物だまりごと収納に入れてしまう

定位置を決めても戻せない人がいます。引き出しや扉をいちいちあけて、決められた位置に戻せない。ポンとちょい置きしているうちに物だまりができてしまうという人です。そういう場合は、物だまりごと収納に入れてしまう方法があります。

リビングダイニングのカウンターやカウンターの下に、家族のこまごました物があふれている家がありました。

カウンターの上にはこまごました物が乱雑に置かれ、さらにカウンターの下にも棚が置かれて、物であふれかえっていました。おそらくカウンターの上に物があふれるので、わざわざ棚を買って物の定位置を決めたのでしょうが、物をちょい置きしているうちに、カウンターの上も下も物だらけになってしまったのでしょう。

本来カウンターは、お母さんと子ども、お父さんの絆を深めるとても大切な場所です。お母さんはキッチンで料理をしながら、カウンターごしに家族の様子が見られま

キッチンカウンターまわりは、放っておくと物だまりになりやすい。下に棚や収納ケースを置くとさらに物は増え、景色が壊れる原因に。

このお宅には収納棚があったので、カウンター横に移動させ、カウンターまわりにあった物を収納内に入れてすっきりと。

すし、つくった料理をカウンターに並べて家族と会話ができます。

子どもも料理をしているお母さんの姿が見られます。その大切な場所であるカウンターがこまごました物であふれていて、あまりにごちゃごちゃの物の集積場になっていたので、家族の誰もが見たくもない場所になっていました。

しかもリビングにはご主人が買い足したという大きな収納があって、視界をさえぎっています。収納の中をあけると、もう使っていない子どものバッグや服、部活の道具など、「動いていない物」が乱雑に投げ込まれていました。

私はご主人が買った大きな扉付きの収納棚に目をつけました。この中にあった「動いていない子どもの物」をすべて子ども部屋に移動。

空になった収納棚をカウンターのすぐ近くの壁に移動させ、カウンターの上の雑多な物たちを、すべてこの収納棚の中に入れてしまったのです。

これでカウンターの上はすっきり片づいた更地になりました。この家の家族はすぐ物をちょい置きするくせがあるようでしたので、物を置きたくなったら、カウンターの上ではなく、すべてこの収納棚の中に置くようにしてもらいました。

収納棚の扉をしめれば、中に置かれた物は見えません。これで、収納の中はぐちゃぐちゃでも、カウンターの上はきれいな景色が保てるでしょう。

物が散らかる近くに物の定位置をつくるのが理想ですが、決められた定位置に戻せないなら、散らかった物をまとめて収納する場所をつくって、どんどん放り込めるようにするのもひとつの方法です。

③ざっくりボックスを置く

物が散らかる理由のひとつとして、ちょい置きがあります。買ってきた物を床にちょっと置く。取り込んだ洗濯物をソファーの上にちょっと置く。

ちょい置きした物をすぐ定位置に持っていけばいいのですが、忙しくてついそのままになってしまうと、ひとつのちょい置きから次々とちょい置きが始まって、気がついたら物だまりになっているというのがよくあるケースです。

ちょい置きをする人はどうしても置いてしまうくせがあるので、それを防ぎたかったら、ざっくりボックスを置くことをおすすめします。ざっくりボックスというのは、私が名付けたもので、要するに物を一時的に入れておく箱のことです。

ちょい置きする場所にざっくりボックスを置いておき、ちょい置きするときはざっくりボックスに入れざるを得ないような状況をつくっておくのです。

こうすれば物が散らかりません。ちょい置きが物だまりとして視界の中に入ってくるか、ざっくりボックスの中に隠れているかでは、景色の見え方がまったく違うはずです。

ざっくりボックスにある程度物がたまったら、箱ごと持ち歩いて、それぞれの物の本来の定位置に戻していけば簡単です。

最悪、ざっくりボックスごと収納の中に入れてしまえば、ちょい置きの物だまりが視界から消えます。

④収納にバッファゾーンを設ける

収納はパンパンにすると、当然物であふれます。引き出しや棚、クローゼットなど、物を収納する場所には、多少余裕をもたせたほうがいいでしょう。その余白がフレキシブルに使えるので、物が散らからなくて済みます。

私は、棚やクローゼットなどいろいろな場所にバッファゾーンをよく設けます。バッファゾーンとは、簡単にいうと余白スペースのことです。

収納の中に余っているスペースをつくることで、そこが作業スペースになったり、自由に使えるフリースペースになります。またそのスペースをちょい置きの場所にすれば、ざっくりボックス代わりにもなるので、部屋が散らかりません。

お母さんと幼児、赤ちゃんがいる一軒家の片づけにうかがったことがあります。引っ越してきたダンボールが思うように片づかず、イライラした中で暮らしているお母さんでした。

昼間、3人がよく過ごす和室にもダンボールがあふれていましたので、動いていないダンボールを2階に寄せ、ふだん過ごすことの多い和室の押入れにお母さんと赤ちゃんの物を収納したのです。

このとき私がつくったのが、押入れのバッファゾーンです。押入れは奥行きがあるので、物をパンパンに詰めると、奥のほうの物は取り出せなくなってしまいます。

このお宅の押入れは、お母さんと幼い子どもたちが昼間過ごす暮らしの空間にあります。ですから、この押入れには「動く物」を収納しなくてはいけません。

そこで押入れの上段のゴールデンゾーンには、手前半分に巨大なバッファゾーンをつくりました。ここはお母さんのワークスペースにしてもいいし、バッファゾーン全体をちょい置きする巨大なざっくりボックスとして使用してもかまいません。

また、押入れの天袋や下段には、紙おむつや赤ちゃんの衣類などストックできる物をおさめました。

ふだん生活する空間の収納にバッファゾーンをつくったことで、散らからない暮らしが実現できました。

⑤ダイニングテーブルの上の更地は死守する

物が散らかる最初の兆候は、ダイニングテーブルの上から始まります。ダイニングテーブルの上にちょい置きが始まると、やがて上に乗りきらなくなった物が椅子の上、キッチンカウンター、ソファーの上、床へと広がっていきます。

景色の崩壊はダイニングテーブルの上から始まるといってもいいでしょう。逆にいうと、ダイニングテーブルの上の更地を死守すれば、何とか崩壊から持ちこたえられるといってもいいかもしれません。

ダイニングテーブルの上はいつも更地にする。百歩譲って、ほかが散らかっていても、ダイニングテーブルの上だけは更地にして、家族みんなが気持ちよく食事ができるスペースを確保しておく。そうすれば、ダイニングテーブルの更地を見て、ほかの場所も片づけようという意欲が湧いてくるはずです。

ダイニングテーブルの上の更地は、「家を片づけよう」と決めた決意の象徴的存在と位置づけておきましょう。

こんなお宅がありました。共働きのご夫婦と小さなお子さん2人の家庭です。お母さんは自分で仕事も持ちながら、子育てもしているので毎日大忙しです。とてもじゃありませんが、家の片づけまで手が回りません。

ダイニングテーブルの上も物でごちゃごちゃ。家族全員がそろって食事ができるスペースはありませんでした。

この家のダイニングテーブルは、リビングのスペースを大きく使うために、壁に寄せてあったのですが、私はそれを部屋の中心に持ってきました。そしてテーブルのまわりをぐるりと回遊できるようにしたのです。

物だまりは、壁に接した部分にふきだまりのようにできあがっていきます。ダイニングテーブルが壁にくっついていると、必ずそこが物だまりになります。

私は物理的に物だまりができにくいように、テーブルを部屋の中央に持ってきたのです。そして「ほかはいくら散らかってもいいから、この上だけは更地にしてね」とお母さんに約束してもらいました。

家族の協力が得られない場合、ひとりで家の中を片づけるのは難しいでしょう。でもダイニングテーブルの上だけなら、忙しいお母さんでも、毎日更地に戻すことができます。

まずはここだけ更地を死守。ゼロに戻す。景色を死守する気持ちがあれば、必ず少しずつ改善していけるはずです。子どもが小さいうちは無理しないでください。

⑥買った先のことを考える

ただ欲しいからと、欲望にまかせて物を買っていれば、物は際限なく増えていきます。どんなに素晴らしい仕組みを考えても、収納の容量をオーバーしてしまえば、物ははみ出して、散らかるしかありません。

本当は「枠の概念」が欲しいのですが、物を捨てられない人、片づけが苦手な人は「枠の概念」がない人が多いのです。

「枠の概念」とは、このスペース＝この枠に入る量はこれぐらいと認識しておく考え方のことです。

クローゼットに入る服の最大容量が10着だとすると、11着目は買わない。どうしても新しくもう1着欲しいときは、クローゼットの中の1着を処分して、枠からはみ出さないようにする、という考え方です。

片づけられない人の特徴として、物の量が多いことが挙げられます。そのうえ、「枠の概念」がないので、買ってきてから物の置き場所に困ってしまう。

それを防ぐには、ぜひ買った先のことを考える習慣を身につけてください。「得だから」「安いから」「かわいいから」「ただでもらえるから」など、安易な理由で物を買ったり、もらったりしないこと。

以前、ママ友のなかに毎年クリスマス会をやる人がいました。金額を決めてそれぞれクリスマスプレゼントを購入し、みんなで交換するのですが、たいていは趣味に合わない物が回ってくるので本当に困りました。

人にこれをあげたとき、どう使えるだろうと客観的にイメージできる人ならまだいいのですが、一番困るのは自分が欲しい物をプレゼントする人です。恐竜のキーホルダーとか、はりねずみの絵のマグカップなど、もらってもどうしようと思う物もあります。

知り合いに、いらないもらい物は容赦《ようしゃ》なく捨ててしまう人がいますが、私は律儀《りちぎ》な性格なのでちゃんと使います。私のバッグやキーホルダーに多種多様のマスコットがぶらさげてあるのは、そのためです。

私自身はめったに物を買いません。買う物のほとんどは消耗品と食材です。そもそも片づけるのが面倒な性格なので、年々欲しい物が減っています。それでも買うときは、これを買ってどこにしまうのか収納先やその枠を十分吟味《ぎんみ》します。

物を安易に買う前に、買った先のことを考える。ぜひ習慣にしてください。

CHAPTER 6

〝ラスボス〟のキッチンをどう攻略するか

キッチンの片づけを最後にする理由

物ではなく、スペースの片づけを優先するのが古堅式の片づけです。するとキッチンの片づけはどうしても最後になります。その理由は3つ。

①キッチンは、景色より作業効率を上げるほうが重要だから

キッチンの景色がいくらすっきりしていても、調理や家事がしにくければ意味がありません。作業効率を上げるには、どうしてもキッチンの「物」にフィーチャーして、稼働率を考えた選別や置き方を考えなくてはいけません。

つまり、景色を変える片づけとは別の次元の片づけになるのです。

古堅式は、まず景色を変えて、自分と家族の心を動かすこと。キッチンのごちゃごちゃした物を整理するより、家族が使うスペースの景色を変えるほうがずっと大事だからです。

たとえキッチンの整理収納で依頼されても、実際に訪問してみて、リビングダイニングに物があふれていたら、「すみませんが、キッチンはできません。リビングダイニングのほうをやらせていただけませんか」とお願いしています。

キッチンは多くの主婦にとっては自分の砦《とりで》なので、「ここからきれいに」という気持ちもわからないではありませんが、まず優先すべきは家族共有のスペース。

物の整理が中心になるキッチンは一番最後がやりやすいでしょう。

②共有スペースの景色が変われば、キッチンはスムーズに片づくから

ここだけの話、リビングダイニングの景色を変えれば、キッチンは私がやらなくても奥様が自分でできてしまいます。それくらい、家族みんなが過ごす場所の景色は大

事なのです。

リビングダイニングが生まれ変わって家族が喜べば、奥様もうれしくなって、キッチンを片づけようと頑張る気持ちになります。

でもキッチンをいくら機能的に片づけたとしても、リビングダイニングがごちゃごちゃで家族が一緒にご飯を食べる場所もない状態だと、家族のどんよりした気分はそのまま。奥様のテンションも上がりません。

やはり優先すべきは、キッチンではなく、家族が集う場所の景色を変えること。キッチンの片づけは最後に。理想はほかの部屋が済んでからですが、最低でもリビングダイニングが改善されてからキッチンに取りかかるのがスムーズだと私は思います。

③小さなアイテムほどこわいものはないから

キッチンには食材もあるし、鍋やフライパンから、調味料、食器、カトラリーなど小さなアイテムがたくさんあります。景色を変える片づけなら、それらを一気に寄せてしまえば済みます。

でもキッチンでは、寄せて、埋める片づけが通用しません。キッチンで重要なのは、あくまで作業効率、つまり物がどれくらい効率的に動かせるかということです。当然、キッチンの片づけは物に焦点をしぼることになります。

ところが、この「物」が多いのがキッチンの落とし穴です。小さなアイテムが多いので、引き出しの中ひとつを整理するのもたいへんな時間がかかります。

私は、片づけの仕事を始めた最初の頃は、引き出しの中や収納の中を一生懸命片づけ、使いやすい仕組みをつくっていました。

でも丸一日、引き出しに向き合って小さなアイテムの整理をしても、家族が集まる部屋の景色は1ミリも動いていないので、帰ってきた家族から「あれ？　どこが片づいたの？」と言われることがたびたびでした。

あんなに一生懸命、丸一日かけて頑張ったのに、その労力がまったく評価されません。小さなアイテムほどこわいものはないというのが、数多くの家の片づけを手がけてきた私の実感です。

小さなアイテムに足をすくわれて、片づけそのものを投げ出さないよう、キッチンは最後の強敵、つまり〝ラスボス〟として取り組むのが賢いやり方です。

作業効率が上がるキッチンの仕組みづくり

キッチンの片づけは効率を優先順位の第一に考えます。キッチンにはものすごい量の物があります。これだけ物があるのに、無秩序に入れていったら物があふれてしまうのは目に見えています。それにすべての物が効率よく稼働していないと、使いやすいキッチンになりません。そのための仕組みづくりはどうしたらいいでしょうか。

①まずキッチンの物を全出しする

キッチンには驚くほどたくさんのアイテムがあります。それらが効率よく動くためには、一度全部を収納から出すことをおすすめします。引き出しや棚など、キッチン

引き出しや食器棚の奥にはほぼ使っていない物や、賞味期限がとっくに切れた食材、同じ調味料などが意外と詰まっている。全出しするとリビングが埋まるほどの量！

の収納からすべての物を出して、並べてみましょう。

全出しすれば、いかに大量の物を持っていたかがわかります。コンビニやスーパーでもらってきた割り箸やスプーンなどを知らず知らずのうちにため込んでいる人もいますし、いつか使うかもととっておいた空きびんやプリンの空き容器などもあるかもしれません。

ストックの食品やラップなどキッチン用品をたくさんためている人もいるでしょう。自分の家の家族に見合う量か、キッチンのスペースに入りきる量かも考えながら、必要な物、必要ではない物に分け、必要ではない物は処分していきます。

もちろんひとつも捨てたくないというのであれば、使わない物は物置部屋に寄せてもかまいません。特に賞味期限が長い食材やキッチン用品のストックは、入りきらないのなら、わざわざキッチンに置かなくても、物置部屋でもいいでしょう。

全出ししたあとのキッチンは、棚の奥や引き出しまでひとつひとつきれいに掃除してください。キッチンは物が多いうえ、調理をするので想像以上に汚れています。清潔なキッチンを保つためにも、大量の物を整理して、ふだんからなるべく掃除しやすい環境をつくることが大切です。

②スタメン、控え、二軍に分け、スタメンはゴールデンゾーンへ

全出しした物は、使用頻度に応じて、スタメン（よく使う物）、控え（まあまあ使う物）、二軍（たまにしか使わない物）に分けます。そしてスタメンは収納のゴールデンゾーンにおさめます。

ゴールデンゾーンとは、人の腰から頭までの上半身。手が届きやすい範囲のことをいいます。使う頻度の高い物、たとえば毎日使う茶碗やお椀、湯飲み、カップなどは

食器棚や引き出しのゴールデンゾーンに入れます。

炊飯器やポット、コーヒーメーカーなども、よく使う物はゴールデンゾーンに置きましょう。

たまに使う物はゴールデンゾーンの上か下の収納におさめます。鍋やフライパン、調味料など高さのある物は腰下にあってもいいでしょう。

そして、たまにしか使わない季節物や来客用の食器、あまり使わない二軍の物、キッチン家電や大型鍋などは、つり戸棚、食器棚の奥や一番上など、取り出しにくい場所で待機。ダイニング側の収納にあってもいいと思います。


このように、使う頻度に応じて、ゴールデンゾーンから二軍ゾーンまでエリアを分けて収納すれば、作業効率が上がります。間違ってもゴールデンゾーンに使用頻度の低い物を置き、よく使う物を二軍ゾーンに置かないこと。

毎日使う米びつをキッチンの床に直置きして、いちいち腰をかがめてお米を取り出している方がいました。

米びつは、多くの家ではスタメンの物。炊飯器のすぐ近くに置けば、毎日の炊事が楽になります。

キッチンの物を全出ししたこの機会に、自分のふだんの動線や作業に応じた物の置き方を考えてみましょう。

③「作業」「水」「火」の3つのラインを考える

キッチンを効率よく動かすには、縦方向に3つのラインを考えるといいでしょう。

3つのラインとは、コンロとシンクの間の作業スペースを中心とした「作業ライン」。シンクを中心とした「水のライン」。コンロを中心とした「火のライン」です。

「作業ライン」を中心に、左右に「水」と「火」の縦のラインをつくることで、物の定位置が決まります。

たとえば「水のライン」にはボウルやザル、まな板、包丁など、水と一緒に使うことが多い物を配置します。


ポイントは、アイテムごとに物を収納していくのではなく、ラインごとに物を置

くことです。

私は、この「水のライン」に炊飯器やお米、茶碗、しゃもじ、お箸、ラップも置いています。シンクでお米を研《と》いで炊飯器で炊き、できあがったご飯は茶碗によそって、余りはラップして冷蔵庫に入れる。

この一連の流れを効率よく行うために、「水のライン」のゴールデンゾーンの引き出しをあけると、茶碗、しゃもじ、お箸、ラップがセットになって入っています。

一見すると、異質な物同士がひとつの引き出しに入っている感じがしますが、あくまでも作業効率を考えた物の定位置です。カテゴリー別に分けないところが古堅式の特徴です。

「火のライン」には、コンロで使うことが多いフライパンや鍋ぶた、菜箸、調味料など、火のそばにあったほうがいい物を配置します。

「作業ライン」は調理をする場所なので、つくった料理を盛る食器類などがこのラインに置かれます。なお、どの物をどのラインに置くかは、家庭の事情や人の行動によってもさまざまです。

お弁当を毎日つくる家は、「作業ライン」のゴールデンゾーンにお弁当箱や水筒、お箸を置くと便利でしょう。

でもお弁当をつくらない家なら、お弁当箱はめったに使いませんので、つり棚の上部や収納の下のほうなど、手が届きにくい二軍ゾーンに入れておいても不便はありません。

このように物の定位置は家庭によって異なりますので、人の家の収納をそっくり真似ても、自分の家で使いやすいキッチンになるとは限りません。

使う物やその頻度は各家庭によって違います。あくまで自分の家の場合を基準に配置を考えてください。

④背面も入れたUの字でラインを考える

「作業」「水」「火」の縦のラインは正面方向だけではありません。自分の後ろ、背面も入れたUの字で考えてください。

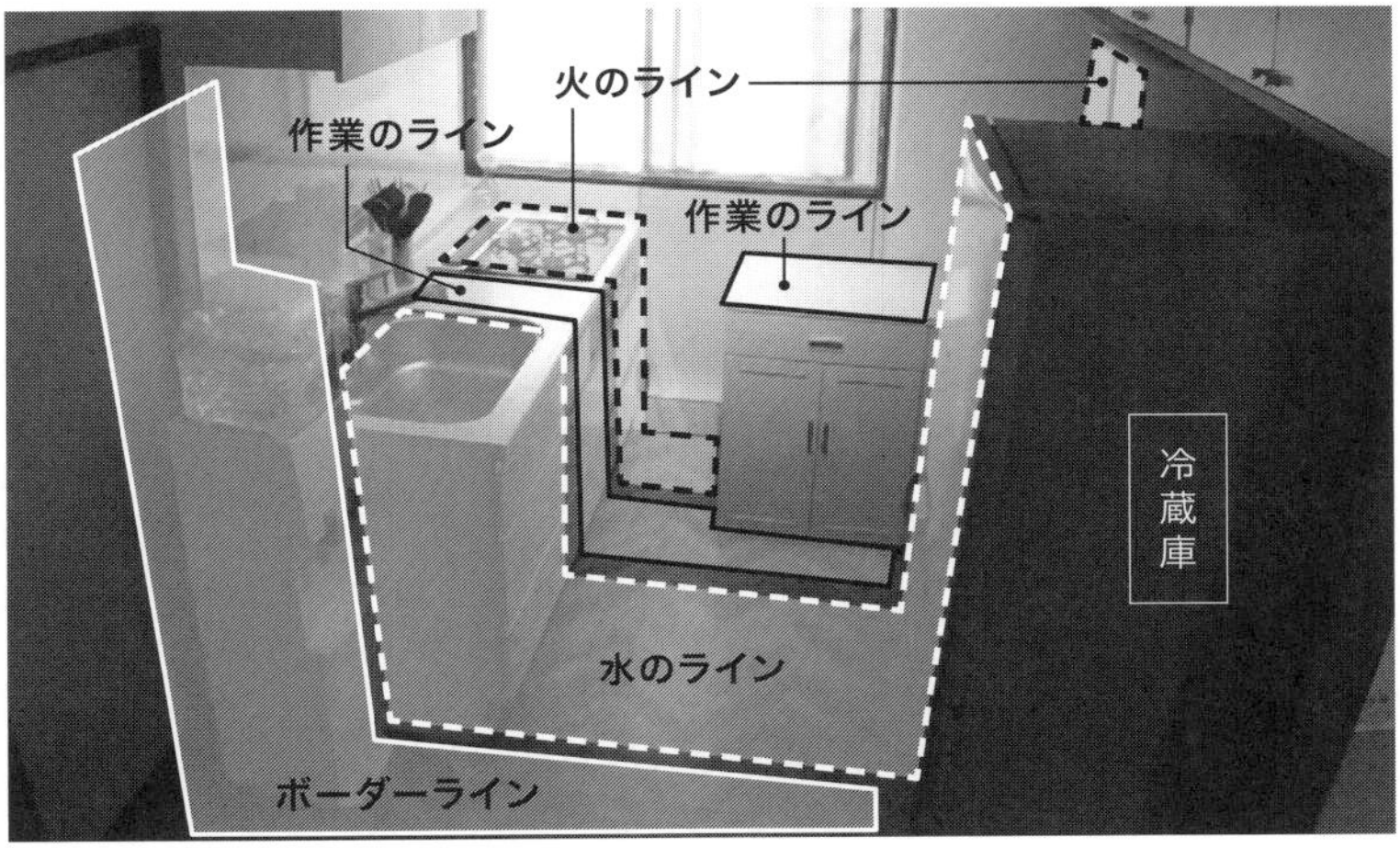

物は「作業」「水」「火」の縦のラインで収納すると使いやすい。さらに、背面の収納まで含めた「U」の字のラインも考慮すると効率が上がる。

振り返ったときに、すぐ物がとれるように、背面の収納まで考えておく必要があるのです。

キッチンでの作業効率を考えるなら、あちこち動き回ったり、伸び上がるのではなく、なるべく横移動を減らし、1秒で物がとれることが大事です。

自分の背後に何を置くかも重要なキッチン攻略法です。

⑤家族に合わせたゴールデンゾーンを考える

ゴールデンゾーンは腰から頭までの上半身の範囲です。家族がいれば、身長はそれぞれなので、背が高いお父さんのゴールデンゾーンと、背が低い子どものゴールデンゾーンは違います。

高い位置にあるエリアは、お母さんや子どもは手が届かないので、二軍の物を置く場所ですが、お父さんにとってはゴールデンゾーンになる場合があります。ふだんは使わない二軍の食器とともに、お父さんがふだんよく使う物、たとえば焼酎を飲むコップやおつまみなどを入れておくといいでしょう。

反対に低い位置にある場所は、大人はとりにくいのですが、子どもにとってはゴールデンゾーン。子どもが使うカップを置いて、冷蔵庫から自由に飲み物を取り出して飲んだり、洗ってしまえるようにしておくといいと思います。

⑥ボーダーラインを意識する

キッチンとリビングダイニングを仕切る境界線であるボーダーラインには、冷蔵庫を置くことをおすすめします。というのも、冷蔵庫は家族、特に子どもが頻繁に使うからです。

もし冷蔵庫やウォーターサーバーをキッチンの一番奥に置いたらどうなるでしょう

か。キッチンでお母さんが作業をしているとき、子どもが水を飲んだり、冷蔵庫の中のおやつを取り出すために、キッチンの奥深く入ってきて、お母さんの背後を行き来することになります。

そうなると作業の邪魔になりますし、火や包丁を使っているときは危険です。作業中は、できれば子どもにはキッチンの中に入ってきてほしくない。

だから冷蔵庫やウォーターサーバーなど、家族がよく使う物はボーダーラインに置いたほうがいいのです。そうすれば、子どもがキッチンの中に入ってくるのを防げます。

食卓で使うしょうゆ（調理用は火のライン）、ふきん、はさみなどのほか、毎日飲むサプリメントなどがボーダーラインにあると、出し入れがしやすく便利です。

物の置く場所をひとつ変えるだけで、毎日の家事が楽になりますし、家族が手伝いたくなります。家族の行動に合わせたキッチン収納は、無駄なストレスが減り、心にゆとりがもてるようになります。

ママひとりで頑張らないためにも、ぜひキッチンまわりの物の配置を見直してみてください。

おわりに

私の願いは、片づかない物でイライラする時間を一日でも早く終わらせたい、ということです。私は整理収納アドバイザーの資格を持っていますが、やりたいのは収納の中をきれいにすることではありません。

私は人が暮らす空間をきれいにしたいのです。疲れて家に帰ってきたとき、ほっとできる景色がある。それだけで、人の心はやすらぎ、前向きな力が湧いてきます。

物より先に空間を片づけて、その人が望む理想の部屋をつくりたい。

とはいっても、家族で暮らしている場合は、全員の希望はかなえられません。もしどうしてもかなえたいのなら、バラバラに暮らすしかない。

だから折り合いが大切です。

人はとかく目の前の物にしか意識がいきません。特に長年慣れ親しんだ家族だと、甘えもあって、相手を思う気持ちが欠けてしまいます。

でも、そこでちょっと想像力を働かせてみてください。

「同居する家族はどう思っているのか」「自分はこれでいいと思っていても、いやな思いをしている人がいないか」、思いやりの気持ちが大切なのです。

自分の部屋はどんなに散らかしてもかまいません。でも少なくとも、家族で過ごす共有の場所は節度をもって使ってください。家族が見る景色を大切にしましょう。

みんなが気持ちよく暮らせる空間を確保しながら、自分の時間も楽しめる。そんな暮らしが実現できれば最高です。

みなさんとみなさんの家族が平和に仲良く、心穏やかに毎日を暮らせますよう、この本がお役に立てれば幸いです。

すべては家族の笑顔のために。

2023年2月吉日

幸せ住空間セラピスト　古堅純子

古堅純子（ふるかた・じゅんこ）

幸せ住空間セラピスト。

1998年、老舗の家事支援サービス会社に入社。20年以上現場第一主義を貫き、お客様のもとへ通っている。5000軒以上のお宅に伺いサービスを重ね、独自の古堅式メソッドを確立。個人宅や企業内での整理収納コンサルティング、収納サービスを提供する傍ら、これまでの経験を生かして家事効率化支援事業を展開。著書累計は65万部を超える。テレビ、ラジオ、雑誌などメディア取材協力も多数。

快適な住空間を構築するコツやノウハウ満載のYouTubeチャンネル「週末ビフォーアフター」は、登録者数18万人超。総再生回数は5400万回を突破（2023年2月時点）。

物《もの》に囲《かこ》まれてすっきり暮《く》らす
景色《けしき》を変《か》える片《かた》づけ

2023年3月30日　第1刷発行
2024年3月25日　第6刷発行

著者　古堅純子《ふるかたじゅんこ》
発行者　佐藤靖
発行所　大和《だいわ》書房
東京都文京区関口1-33-4
電話03（3203）4511

デザイン　内村美早子（anemone graphic）
協力　田上晃庸　田上琴珠　伊藤妥渚美（株式会社H&J）
北村朋子　横川未来美（株式会社SDM）
編集協力　辻由美子
編集　滝澤和恵（大和書房）

印刷所　厚徳社
製本　ナショナル製本

ISBN978-4-479-78581-1